Hans E. Gerr

Pfadfinden – Weg einer Selbsterziehung zum wertorientierten Handeln

Eine Einführung in die Pfadfinderpädagogik

Gerr, Hans E.: Pfadfinden – Weg einer Selbsterziehung zum wertorientierten Handeln: Eine Einführung in die Pfadfinderpädagogik, Hamburg, disserta Verlag, 2014

Buch-ISBN: 978-3-95425-584-9
PDF-eBook-ISBN: 978-3-95425-585-6
Druck/Herstellung: disserta Verlag, Hamburg, 2014
Covermotive: © Hans E. Gerr

Bibliografische Information der Deutschen Nationalbibliothek:
Die Deutsche Nationalbibliothek verzeichnet diese Publikation in der Deutschen Nationalbibliografie; detaillierte bibliografische Daten sind im Internet über http://dnb.d-nb.de abrufbar.

© disserta Verlag, Imprint der Diplomica Verlag GmbH
Hermannstal 119k, 22119 Hamburg
http://www.disserta-verlag.de, Hamburg 2014
Printed in Germany

Robert Baden-Powell[1]

„Versucht,
die Welt ein bisschen besser zurückzulassen
als Ihr sie vorgefunden habt!"

Robert Baden-Powell

---

[1] Baden-Powell

Inhalt

Einleitung

„**P**fadfinden" mit seinen vielfältigen und attraktiven Tätigkeiten möchte mehr als nur zu einer sinnvollen Freizeitbeschäftigung beitragen. In den von der „World Organization of the Scout Movement" herausgegebenen „Grundlagen der Pfadfinderbewegung" wird diese definiert als eine *„freiwillige, nicht-politische **Erziehungsbewegung** für junge Leute, die offen ist für alle, ohne Unterschiede von Herkunft, Rasse oder Glaubensbekenntnis (...)"* (vgl. WOSM 1997, S. 4).

Zwar können bei sinnvollen Freizeitaktivitäten Erfahrungen gewonnen werden und Erziehungsprozesse stattfinden, jedoch vollzieht sich eine solche „informelle" Erziehung eher zufällig und ist auch nicht wie bei der internationalen Pfadfinderbewegung im Sinne eines aufbauenden Lernens organisiert sowie nicht umfassend und zielgerichtet.

Das bedeutet nicht, dass die pfadfinderische Erziehungsbewegung zum „formellen" Erziehungsbereich (wie beispielsweise die öffentlichen Schulen) gehört. Pfadfinden nimmt eine Stellung zwischen formeller und informeller Erziehung ein. Die Weltorganisation ordnet die Pfadfindererziehung dem Bereich der **„nicht-formellen" Erziehung** zu (vgl. WOSM 1997, S. 6).

Gerade darin liegt aber die Stärke des Pfadfindens als Weg einer Selbsterziehung für junge Menschen. Pfadfinden beruht auf dem Grundsatz der Freiwilligkeit; es ist für Kinder und Jugendliche attraktiv und kann deshalb erzieherisch sehr wirkungsvoll sein. Um dies zu gewährleisten, sollten sich Leiterinnen und Leiter mit den Grundlagen der Pfadfinderpädagogik befassen.

Nun tun junge Menschen im Allgemeinen lieber etwas praktisch als sich mit einer theoretischen Abhandlung auseinander zu setzen, zumal solche Texte nicht immer leicht zu verstehen sind. Mit diesem Buch wird der Versuch unternommen, die wesentlichen Zusammenhänge und die besonderen Kennzeichen der pfadfinderischen Erziehungskonzeption für Leiter und Leiterinnen klar und einfach darzustellen.

Die dafür entwickelten Schemata sind als Hilfe gedacht, die nicht immer leicht zu durchschauenden Zusammenhänge zu klären; sie ersparen auch die oft mühsame Erarbeitung von Erkenntnissen aus theoretischen Abhandlungen. Das Studium dieses Handbuchs kann jedoch nicht die intensive Beschäftigung mit der Pädagogik der Altersstufen ersetzen.

Robert und Olave Baden-Powell[2]

1 Pfadfinden – Entwurf für eine Selbsterziehung

„Erziehung" wird heute im Allgemeinen nicht mehr als das „Einwirken von Erwachsenen auf Kinder oder Jugendliche" gesehen. Erziehung ist grundsätzlich immer Selbsterziehung. In diesem Sinne kann man „**Pfadfinden**" (Scouting) als pädagogischen Begriff deuten. Es bezeichnet den besonderen Weg einer Selbsterziehung von jungen Menschen.

Hinter dem Begriff „Pfadfinden" verbirgt sich auch der erzieherische Entwurf, der vom Gründer der Pfadfinderbewegung, Robert Baden-Powell, konzipiert wurde und der sich im Laufe der Geschichte der pfadfinderischen Kinder- und Jugendarbeit weiter entwickelt hat.

Wie bei jeder **Erziehungskonzeption**, kann man auch beim Pfadfinden vor allem drei Bereiche unterscheiden, die in einem Zusammenhang zu sehen sind und die sich überschneiden: **Erziehungsziele, Inhalte (Programme)** und die **Pfadfindermethode** als Weg der Selbsterziehung (vgl. **Schema 1!**).

---

[2] Baden-Powell

10

Um beispielsweise das pfadfinderische **Erziehungsziel** „gesundes Leben" zu erreichen, muss man sich persönlich für den richtigen Weg entscheiden und diesen gehen. Die Pfadfindermethode kann für junge Leute ein sehr hilfreicher Weg sein; dieser **Weg** schließt die „Verpflichtung gegenüber sich selbst" ein (vgl. WOSM 1997, S. 12). Eine ungesunde Lebensführung würde diesem Prinzip widersprechen. Unterstützung bei der Verwirklichung eines gesunden und natürlichen Lebens leisten auch die Gruppenmitglieder, die sich an pfadfinderischen Regeln und Werten orientieren. Die Gemeinschaft kann deshalb die Aufgabe einer „Selbsthilfegruppe" erfüllen. Gesundheitserziehung kann aber auch innerhalb eines Programms verwirklicht werden, indem zum Beispiel das gesunde Leben im Zeltlager bewusst zum **Inhalt** (Programm) gemacht und über ein Handeln verwirklicht wird.

Man kann sagen, dass Erziehungsziele (z. B. Gesundheit) als Orientierungshilfe für die Wegfindung dienen. Der pfadfinderische Weg (Pfadfindermethode) kommt aber ohne Inhalte nicht aus; pfadfinderische Aktivitäten setzen immer Programme, für die man sich entscheidet, voraus.

Die pfadfinderische Erziehungskonzeption

umfasst Erziehungsziele, Inhalte (Programme) und den
Weg (Pfadfindermethode/Erziehungsgrundsätze).

Die Bereiche überschneiden sich:

Ziel

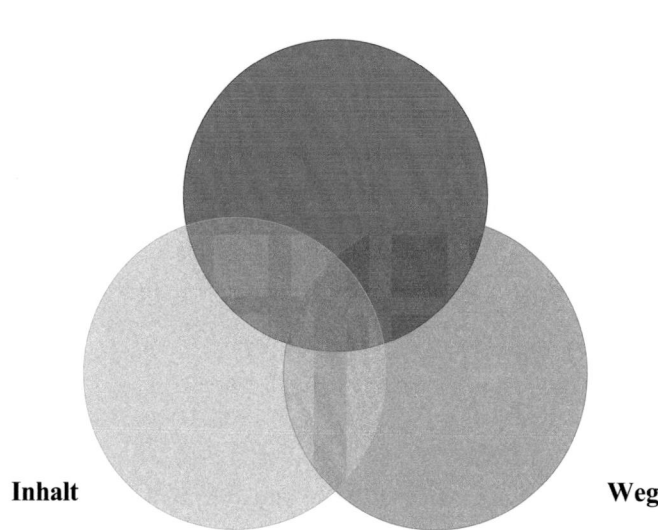

Inhalt   Weg

Schema 1

2   Zur pfadfinderischen Persönlichkeitsförderung (Ziele)

Die erzieherischen Aktivitäten in der Pfadfinderbewegung zielen auf eine umfassende Persönlichkeitsförderung der Kinder und Jugendlichen. In den „Grundlagen der Pfadfinderbewegung" wird als „**Zweck**" pfadfinderischer Erziehung angesehen, *„zur Entwicklung junger Menschen beizutragen, damit sie ihre vollen körperlichen, intellektuellen, sozialen und geistigen Fähigkeiten als Persönlichkeiten, als verantwortungsbewusste Bürger und als Mitglieder ihrer örtlichen, nationalen und internationalen Gemeinschaft einsetzen können"* (WOSM 1997, S. 7).

Aus diesem Zitat wird ersichtlich, dass man verschiedene **Bereiche der Persönlichkeitsförderung** unterscheiden kann (vgl. auch **Schema 2!**). Da der Mensch ein ganzheitliches Wesen ist, lassen sich diese Bereiche nicht isoliert fördern. Beim Pfadfinden werden junge Menschen ganzheitlich und umfassend gefördert.

So wie beim Sport in Sportvereinen, werden beispielsweise beim Spiel in der Wölflingsstufe nicht nur körperliche Fähigkeiten wie Grob- und Feinmotorik, Wendigkeit, Schnelligkeit, Kraft und Ausdauer, Anpassungsreaktionen oder die Wahrnehmungsfähigkeit gefördert. Durch das Spiel in der Gruppe werden gleichzeitig prosoziale Fähigkeiten wie Kontakt- und Beziehungsfähigkeit, Bereitschaft zur Zusammenarbeit, Fairness, Hilfsbereitschaft, sensibles Reagieren oder auch die Fähigkeit zur Lösung von Konflikten und das Verständnis dafür, dass Regeln für ein Zusammenleben sinnvoll sind, angebahnt.

Pfadfinderische Handlungsformen wie das Zeltlager sind geeignet, alle Bereiche zu fördern. So finden im Pfadfinderlager nicht nur soziale Lernprozesse statt, und es werden körperliche, handwerkliche oder intellektuelle Fähigkeiten beansprucht. Beim Lagerleben wird auch der emotionale Bereich   – beispielsweise beim gemeinsamen Singen im Feuerkreis – angesprochen und Spiritualität (z. B. Selbstfindung in der Stille der Natur bei der Feuerwache) gefördert. – Aufgabe des Leitungsteams ist es, auf eine ausgewogene Förderung zu achten.

Pfadfinderische Erziehungsziele
(Bereiche der Persönlichkeitsförderung)

Körperliche Entwicklung: Förderung der Wahrnehmungsbereiche, Grob- und Feinmotorik, Ausdauer und Kraft, gesunde Lebensführung (Bewegung in frischer Luft, ausgewogene Ernährung, kein Drogenmissbrauch ...) etc.

Intellektuelle Förderung: Wecken der Neugierde und des Wissensdurstes, Informationen gewinnen und verarbeiten, Schlussfolgerungen ziehen, Probleme lösen, Hypothesen formulieren, Kreativität etc.

Emotionale Förderung: Wahrnehmen und Ausdrücken eigener Gefühle, Einfühlungsvermögen entwickeln, Gefühle in Formen wie Tanz, Theater oder Musik ausleben, Freundschaftsbeziehungen aufnehmen etc.

Förderung der Spiritualität: Entdecken des Wunders der Schöpfung in der Natur, Begreifen der Meditation als Teil des Lebens, Selbstfindung in der Stille, Aufgeschlossenheit für religiöse Erfahrungen anderer, Übernahme von Verpflichtungen (z. B. Schöpfungsverantwortung) aus spirituellen oder religiösen Gründen etc.

Förderung der Sozialkompetenz: Kontaktfähigkeit und Kooperation, Entgegenbringen von Vertrauen, Rücksichtnahme und Hilfsbereitschaft, Konflikte angemessen lösen, sich für Schwächere einsetzen, Toleranz, Solidarität etc.

Förderung der Selbstkompetenz: Selbstvertrauen gewinnen, Erkennen und Anerkennen der eigenen Stärken und Schwächen, Verantwortung für das eigene Handeln übernehmen, Kritikfähigkeit, Entscheidungsfähigkeit, Handlungskompetenz, Aufbau von Ich-Identität etc.

Schema 2

Pfadfinderische Erziehung erstrebt nicht ausschließlich eine Persönlichkeitsförderung des Kindes oder des Jugendlichen als Individuum. Da der Mensch nicht nur ein personales, sondern auch ein soziales Wesen ist, der in Gemeinschaften lebt, erstrebt Pfadfinden mit der Förderung von Fähigkeiten auch das Ziel, dass Pfadfinderinnen und Pfadfinder als Erwachsene das Gemeinwesen als verantwortungsbewusste Bürger kompetent mitgestalten können. Dass sich die Pfadfinderbewegung als „nicht-politische" Erziehungsbewegung begreift, kann nicht bedeuten, dass deshalb das politische Lernen ausgeklammert werden soll; dies würde dem Anspruch auf eine umfassende Erziehung widersprechen. Pfadfinden begreift sich jedoch nicht als politische Bewegung im Sinne einer bestimmten parteipolitischen Richtung.

Zwischen der staatsbürgerlichen Erziehung Baden-Powells und dem heutigen politischem Lernen sind, bedingt durch ein verändertes Bewusstsein vom Staat und von der politischen Bildung, Unterschiede erkennbar.

2.1 Baden-Powells staatsbürgerliche Erziehung

Die pfadfinderische Persönlichkeitsförderung in Baden-Powells ursprünglichen Erziehungsentwurf umfasste vor allem eine Erziehung der Pfadfinderjugend

- zur Charakterstärke („character"),
- zur physischen Kraft und Gesundheit („physical health"),
- zur handwerklichen Geschicklichkeit („handicrafts") und
- zur Dienstbereitschaft („service for others") – (vgl. Gerr 1983).

Baden-Powell erstrebte mit seiner staatsbürgerlichen Erziehung eine charakterfeste, gesunde und handwerklich geschickte Jugend, die sich gegenüber dem bestehenden Staatswesen (Königreich) loyal und gehorsam verhalten und die Tugenden der Dienstbereitschaft und Aufopferungsbereitschaft besitzen sollte (vgl. Gerr 1998, S. 20). „Dienstbereitschaft" schloss für B.-P. beispielsweise auch die Bereitschaft ein, das Vaterland mit der Waffe gegen fremde Angriffe zu schützen (vgl. Baden-Powell 1953, S. 89).

Eine solche unkritische Staatsgläubigkeit ist heute nur von der zeitgeschichtlichen Situation her verständlich. Gegenwärtig kann „Dienstbereitschaft" beispielsweise als „tätige Solidarität" (DPSG) begriffen werden, und dem heutigen Gemeinwesen kann man als „demokratiefähiger Bürger" dienen.

2.2 Pfadfinden – Weg einer Erziehung zur Demokratie

Der Begriff „Demokratie" wird im Allgemeinen mit einer Regierungs- oder Staatsform in Verbindung gebracht. In der Bundesrepublik Deutschland besteht eine parlamentarische Demokratie. Der Volkswille vollzieht sich in Wahlen und Abstimmungen; die demokratische Ordnung ist im Grundgesetz verankert.

Man kann „Demokratie" aber auch als „Form des Zusammenlebens" begreifen (vgl. Dewey 1993, S. 121). Demokratie als „Lebensform" kommt immer in einem demokratischen Handeln zum Ausdruck. Gelebte Demokratie schließt eine aktive Mitverantwortung für die Menschen und die Mitwelt ein; deshalb verwirklicht sich in der Pfadfinderbewegung das „Leben von Demokratie" durch eine tätige Schöpfungsverantwortung.

Angesichts antidemokratischer Tendenzen in der Gesellschaft (Verletzung der Menschenwürde, steigende Gewaltbereitschaft etc.) wird deutlich, dass Demokratie als Lebensform entwicklungsbedürftig ist und eine ständige Erziehungsaufgabe bleibt. Pfadfinden als „Weg einer Selbsterziehung" ist mit seinen Handlungsgrundsätzen in besonderer Weise geeignet, Demokratie leben zu lernen.

So werden beispielsweise bei konsequenter Verwirklichung des Tätigkeitsgrundsatzes („Scouting is Doing") die für eine Demokratiefähigkeit so wichtigen Qualifikationen wie Eigeninitiative, Selbständigkeit, Handlungsfähigkeit und Handlungsbereitschaft gefördert (vgl. **Schema 3**!). Vor allem beim Projekthandeln können Pfadfinderinnen und Pfadfinder verschiedene Techniken und Strategien politischen Handelns erproben und lernen deren zielgerichteten Einsatz. **Handlungsorientiertes Pfadfinden** ist besonders geeignet, junge Menschen für die in der sozialen und natürlichen Umwelt bestehenden Probleme und Missstände zu sensibilisieren und ihnen zu vermitteln, dass die Wirklichkeit durch einen gemeinsamen und aktiven Einsatz veränderbar ist. Solche Schlüsselerlebnisse haben positive Auswirkungen auf die politisch-sozialen Lernprozesse der Jugendlichen und tragen damit zur Weiterentwicklung der Demokratie in der Gesellschaft bei.

Aktive Mitverantwortung für die Menschen und die Mitwelt
als Ausdruck einer

Demokratiefähigkeit

▲

Kreativität	Friedens- und Konfliktfähigkeit
¤	¤
Handlungskompetenz	tätige Solidarität
¤	¤
Eigeninitiative	Toleranz
¤	¤
Kritikfähigkeit	Kompromissfähigkeit

Komponenten der Demokratiefähigkeit im engeren Sinn

▲

Ich-Identität	Entgegenbringen von Vertrauen
¤	
Selbständigkeit/ Entscheidungsfähigkeit	¤
¤	Empathie/ Hilfsbereitschaft
Selbstvertrauen	¤
¤	Kooperationsfähigkeit
Akzeptieren der eigenen Stärken und Schwächen	¤
¤	Kommunikations- fähigkeit/Sprache
Erkennen und authentisches Ausdrücken von Gefühlen etc.	¤
	Kontaktfähigkeit etc.

Fähigkeiten der Selbst- und Sozialkompetenz als grundlegende Qualifikationen

▲

gezielte Förderung aller Wahrnehmungsbereiche als Basis für soziale und demokratische Lernprozesse

Schema 3

Das **gruppendynamische Pfadfinden** ist besonders geeignet, die für ein demokratisches Zusammenleben wichtigen Fähigkeiten der Sozial- und Selbstkompetenz zu erlernen (vgl. **Schema 3!**). So ist beispielsweise ein friedliches Miteinander ohne Toleranz, ohne die Fähigkeit, Kompromisse zu schließen oder Konflikte gewaltfrei zu lösen, nicht möglich. Das Zusammenspiel von kleineren Gemeinschaften in einer größeren (Rudel und Meute; Sippen und Trupp etc.) ist bereits für die Jüngsten (Wölflinge) eine gute Schule der Demokratie. Was im Meutenrat an Wünschen und Ideen eingebracht wurde, wird gemeinsam in der Meutenversammlung reflektiert, diskutiert und von allen die Entscheidung über die weiteren Unternehmungen auf demokratischem Weg durch Mehrheitsbeschluss herbeigeführt. Auf diese Weise werden bereits bei den Kindern die für das demokratische Zusammenleben bedeutsamen Kompetenzen wie Entscheidungsfähigkeit und Kompromissbereitschaft angebahnt.

Die Aufnahme von Kindern und Jugendlichen mit Behinderung oder aus ausländischen Familien in die Pfadfindergruppen ist unter anderem ein Kennzeichen für ein demokratisches Pfadfinden, das allen jungen Menschen das Grundrecht auf Teilnahme am Gemeinschaftsleben zubilligt (vgl. Gerr 2000, S. 98 f.). Pfadfinderische Friedenserziehung trägt damit zur „Demokratie als Form des Zusammenlebens" bei.

Pfadfinderisches Handeln orientiert sich an demokratischen Werten und Normen (Umweltschutz, Mitverantwortung für die Schöpfung etc.). Durch eine bewusste persönliche Verpflichtung, das alltägliche Leben nach pfadfinderischen Grundlinien/Regeln zu gestalten (**Pfadfinderregeln und Versprechen**), durch Handeln, das sich an Werten orientiert, und durch eine Reflexion nach Gruppenunternehmungen und in Alltagssituationen lernen Pfadfinderinnen und Pfadfinder Demokratie zu leben; entsprechend dem pfadfinderischen Tätigkeitsprinzip setzen sie sich gegen Fremdenfeindlichkeit, Rassismus, Rechtsextremismus oder gegen eine Unterdrückung von Minderheiten ein und übernehmen Verantwortung für die Mitschöpfung.

Durch eine **einfache und natürliche Lebensweise**, bei der bewusst von einer stark konsumorientierten Gestaltung des Lebens Abstand genommen wird, leisten Pfadfinderinnen und Pfadfinder einen Beitrag zur Erhaltung der natürlichen Lebensgrundlagen.

Gemeinschaftliche Aktivitäten wie Lager und Fahrt fördern nicht nur die Gesundheit und die Gemeinschaftsfähigkeit, sondern auch die Naturverbundenheit und damit die Sensibilität für den Schutz der lebenden Mitwelt.

Bereits in der Wölflingsstufe werden bei altersgemäßen Spielen und Unternehmungen in der Natur die für den Naturschutz so wichtigen Naturerfahrungen gewonnen. Gleichzeitig werden die für die demokratischen Lernprozesse grundlegenden Wahrnehmungsbereiche (hören, sehen, fühlen etc.) geschult. Entsprechend dem Grundsatz „Denke global – handle vor Ort!" führen die Jugendlichen Umweltprojekte durch, bei denen sie sich nicht nur inhaltlich mit der Problematik einer fortschreitenden Umweltzerstörung auseinander setzen, sondern auch Möglichkeiten umweltgerechten Handelns erproben können. Naturschutzaktionen und Umweltprojekte vermitteln ihnen Erfahrungen und Erkenntnisse über ökologische Zusammenhänge. Im aktiven Umweltschutz kommt eine demokratische Grundhaltung zum Ausdruck.

Pfadfinden ist durch „Internationalität" gekennzeichnet; **internationales Lernen** kann eine große Bedeutung für eine Erziehung zur „Demokratie als Lebensform" besitzen. Demokratisches Handeln kommt im **„Leben einer Freundschaft zu allen Menschen"** zum Ausdruck. Bei regelmäßigen internationalen Kontakten und der Beteiligung an übernationalen Aktivitäten und Projekten (Entwicklungshilfe etc.) lernen Pfadfinderinnen und Pfadfinder mit kulturell und ethnisch bedingten Lebens- und Verhaltensformen umzugehen. Internationales Pfadfinden fördert den Abbau von Vorurteilen; gleichzeitig ermöglicht es, dass junge Menschen Solidarität und Freundschaft erfahren. Innerhalb der pfadfinderischen Friedensbewegung wird Mitmenschlichkeit über alle Grenzen hinweg gelebt; damit eröffnet sich die Perspektive zu einer weltweiten Demokratisierung im zwischenmenschlichen Bereich.

3 Fortschreitende und attraktive Programme (Inhalte)

Die Anziehungskraft des Pfadfindens auf junge Menschen besteht darin, dass es ein Angebot an attraktiven Programmen bereithält. Pfadfinderische Programme können aus den verschiedenen Lebensbereichen entlehnt werden (vgl. **Schema 4!**). Sie dienen der fortschreitenden Selbsterziehung.

Im Hinblick auf eine kontinuierliche Förderung der Kinder und Jugendlichen ist es von Bedeutung, dass **Programme „aufeinander aufbauend"** entwickelt werden, bezüglich der Selbsterziehungsprozesse **„anregend"** sind und **auf „den Interessen der Mitglieder" basieren** (vgl. WOSM 1997, S. 18).

Um diese Anforderungen an ein gutes Programm zu gewährleisten, wird weltweit in vielen Verbänden ein Proben- und Abzeichensystem umgesetzt. Dabei kann man zwei verschiedene Arten von Proben bzw. Abzeichen unterscheiden: die **Proben und Abzeichen,** die in einer Altersstufe abgelegt bzw. erworben werden, und die Spezialabzeichen, die für die Aneignung spezieller Fähigkeiten und Fertigkeiten vergeben werden. Die verschiedenen Proben dienen zum Erwerb von Kenntnissen, Fähigkeiten, Fertigkeiten und Haltungen. So fördert beispielsweise die Beherrschung der Techniken in Erster Hilfe auch die Hilfsbereitschaft (vgl. Gerr 1998, S. 45).

Wenn sich ein Verband für das Proben- und Abzeichensystem entschieden hat, so ist von Bedeutung, dass Proben nicht im Sinne einer schulischen Leistungsüberprüfung stattfinden. Wenn die Aneignung von Fähigkeiten und Fertigkeiten – wie beim Erwerb der Lagertechniken – in einer konkreten Situation, in der sie benötigt werden (z. B. beim Lageraufbau), geübt und deren Beherrschung bestätigt werden, wirken sie motivierend; das Miteinander- und Voneinanderlernen spielt dabei eine wichtige Rolle (vgl. Gerr 1998, S. 46).

Die Vergabe von Spezialabzeichen nach Ablegung von Tüchtigkeitsproben dient der Entdeckung von individuellen Interessen und der Vervollkommnung von Fähigkeiten und Fertigkeiten auf diesem Gebiet. Stufenproben sollen zum Erreichen der Stufenziele anregen. Das Stufenabzeichen symbolisiert auch die Zugehörigkeit zur entsprechenden Altersstufe. Es kann vom Verband auch entschieden werden, dass das Stufenabzeichen ohne eine Abnahme der Proben verliehen wird, da mit Aufnahme in die Gruppe sich das Mitglied verpflichtet, auf die Stufenziele hinzuarbeiten und sich auf das Versprechen vorzubereiten (vgl. BdP 2002, S. 116).

Pfadfinden findet in der Lebenswelt der Kinder und Jugendlichen statt

Fortschreitende Programme können aus den Lebensbereichen entwickelt werden!

Beispiele:

**sozialer/gesell-
schaftlich-polit.
Bereich:**
Gestaltung einer
Feier im Alters-
heim/polit. Kund-
schaft zur Auslän-
dersituation etc.

**handwerklich-
technischer
Bereich:**
Herstellen eines
Bumerangs/Bau von
Booten für die
Loirefahrt in Frank-
reich etc.

**internationaler
Bereich:**
Hilfsprojekt für
Rumänien/inter-
nationales Rover-
moot etc.

**religiös-spiritueller
Bereich:**
Lagergottesdienst-
gestaltung/Einzel-
hike der Rover,
Meditation etc.

Sport und Spiele:
Spielfest mit
Kindern mit geisti-
ger Behinderung/
Lagerolympiade etc.

**Natur und Um-
welt:**
Naturstreife/ Zelt-
lager/Natur- und
Umweltschutzpro-
jekte etc.

**kultureller Be-
reich:**
multikulturelles
Fest/Singewettbe-
werb/Theaterstraße

Schema 4

21

Nach den von der Weltorganisation herausgegebenen „Grundlagen der Pfadfinderbewegung" sollen bei der Zusammenstellung der Programme vor allem die Hauptbereiche „**Spiele**, das **Erlernen nützlicher Fähig- und Fertigkeiten** und der **Dienst an der Gemeinschaft**" kombiniert werden (vgl. WOSM 1997, S. 18).

Schon immer war in der Pfadfinderbewegung die **Natur** der bevorzugte Ort für die Durchführung von Aktivitätsprogrammen. Baden-Powell sieht das Pfadfinden als „**open-air-game**"; in „Aids to Scoutmastership" schreibt er über das Scouting: „Es ist ein Spiel, in dem ältere Brüder (oder Schwestern) den jüngeren Brüdern eine gesunde Umgebung bieten und sie zu gesunden Aktivitäten ermuntern (…)" (B.-P. 1930, S. 20). Auch heute stehen bei den meisten Verbänden Aktivitäten in der Natur wie das Zeltlager, die Fahrt, die Naturstreife, das Geländespiel, die Wanderung, der Hike oder das Naturschutzprojekt im Mittelpunkt der Programmgestaltung.

Damit kommt Pfadfinden nicht nur den Interessen und Bedürfnissen der Kinder und Jugendlichen entgegen, sondern trägt zu einer umfassenden Förderung der jungen Menschen bei und regt sie zur Selbsterziehung an.

Beispielsweise kann das Spiel in der Natur bei den Jüngeren die sinnliche Wahrnehmungsfähigkeit fördern, die für Lern- und Selbsterziehungs-prozesse eine wichtige Grundlage ist. Das Gruppenleben unter einfachen und natürlichen Bedingungen fordert handwerkliche Geschicklichkeit heraus, fördert soziales Lernen, bietet die Möglichkeit zu Naturerfah-rungen und vermittelt Impulse für ein Überdenken der heutigen Lebens-formen, die häufig durch ein übermäßiges Konsumieren gekennzeichnet sind. Auch Kreativität wird durch die „Herausforderungen, die die Natur bietet" angeregt (vgl. WOSM 1997, S. 19). Besondere Bedeutung kann auch die Programmgestaltung in der Natur für die religiöse und spirituelle Erziehung besitzen.

Leben in und mit der Natur[3]

4 Der Weg pfadfinderischer Selbsterziehung (Pfadfindermethode)

Der im Zusammenhang mit der Pfadfindererziehung verwendete Begriff „Methode" hat nichts mit wissenschaftlichen Forschungsmethoden oder fachspezifischen Lehrmethoden in den Schulen zu tun. Die Pfadfindermethode wird nicht wie diese von Erwachsenen angewandt; dies würde den Versuch einer Manipulation der Kinder und Jugendlichen bedeuten und die Freiheit, den individuellen Weg der Selbsterziehung zu finden und zu gehen, einschränken. Der aus dem Griechischen abgeleitete Begriff „Methode" bedeutet nichts anderes als der „Weg zu etwas hin".

Dieser pfadfinderische Weg der Selbsterziehung (**Pfadfindermethode**) umfasst mehrere Erziehungsgrundsätze, die eine Einheit bilden (s. **Schema 5!**):

- die freiwillige Verpflichtung, nach pfadfinderischen Grundsätzen und Werten zu leben (Anerkennung von **Regeln und Versprechen**),

- das **Lernen durch Erfahrung** (learning by doing and by experience),

---

[3] Hans E. Gerr

- das **Lernen in der kleinen Gruppe** (Kleingruppensystem),

- die Verwirklichung eines **gesunden und natürlichen Lebens** und

- das **Leben einer Freundschaft zu allen Menschen** (internationales/multikulturelles Lernen/Leben in Freundschaft und Toleranz).

Diese Erziehungsgrundsätze werden, wie bereits betont, nicht von den erwachsenen Leiterinnen und Leitern angewendet, sondern sie werden von den jungen Menschen selbst verwirklicht, weil sie diese als Hilfe erkannt haben, den für sie richtigen **Weg der Selbsterziehung** zu finden und zu gehen. Prinzipien, nach denen man lebt, sind immer freiwillig übernommen.

Das „natürliche Leben" wird in den von der WOSM herausgegebenen „Fundamental Principles" den Programmen zugeordnet. Das „internationale Lernen" wird nicht als Lerngrundsatz aufgefasst; die Internationalität wird aber in den „Prinzipien der Pfadfinderbewegung" hervorgehoben.

**Die pfadfinderischen Erziehungsgrundsätze
bilden in ihrer Einheit die**

Pfadfindermethode

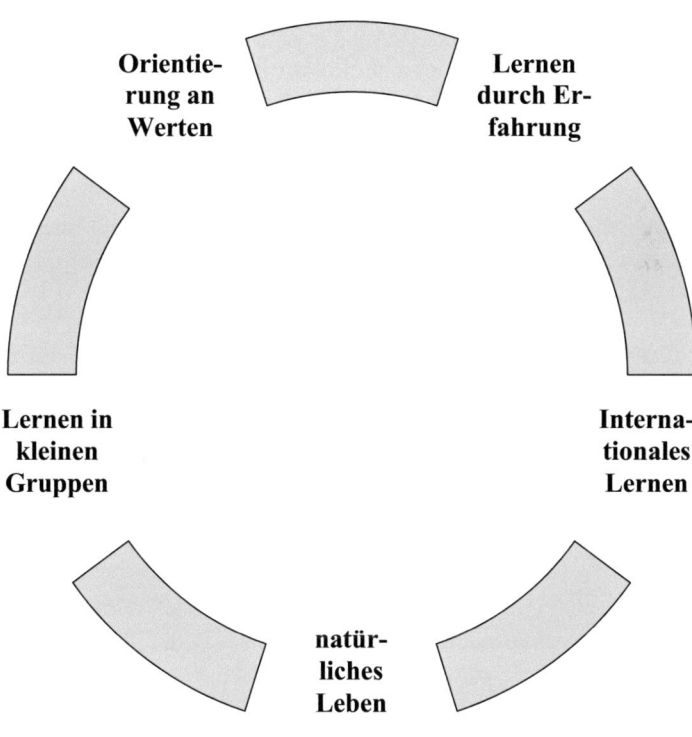

Orientie-
rung an
Werten

Lernen
durch Er-
fahrung

Lernen in
kleinen
Gruppen

Interna-
tionales
Lernen

natür-
liches
Leben

Schema 5

4.1 Leben pfadfinderischer Werte (Regeln und Versprechen)

Eine pfadfinderische Selbsterziehung ist – wie jede Erziehung – ohne Bezug zu Werten nicht möglich. Ein Wert (z. B. das Leben) ist zunächst ein Erkenntnisinhalt; wird beispielsweise das Leben als Wert anerkannt, so ergibt sich daraus für das alltägliche Handeln die Norm: „Schütze das Leben!"

Die erzieherischen Absichten Baden-Powells kommen bereits in seinen frühen Schriften klar zum Ausdruck. Robert Baden-Powell hat drei Grundsätze formuliert, die in der weltweiten Pfadfinderbewegung Geltung besitzen. In „Aids to Scoutmastership" (1920, S. 92) spricht er von **„reverence to God"**, **„reverence for one's neighbour"** und **„reverence for oneself"**. Pfadfinderische Werte und Normen (Verhaltensregeln) können aus diesen drei fundamentalen Prinzipien, wie sie auch in den "Grundlagen der Pfadfinderbewegung" von der WOSM dargestellt sind (vgl. WOSM 1997, S. 9 ff.), abgeleitet werden (s. **Schema 6**!).

„Seit Gründung der Bewegung waren Gesetz und Versprechen die Hilfsmittel, um diese Prinzipien in einer für junge Menschen verständlichen und nachvollziehbaren Art auszudrücken" (WOSM 1997, S. 13). Um als offizielles Mitglied in die Weltpfadfinderbewegung aufgenommen zu werden, wird deshalb die „Anerkennung eines Gesetzes und Versprechens" von den Pfadfinderorganisationen gefordert (vgl. WOSM 1997, S. 13).

Eine Orientierung an Werten und das Handeln nach Normen (Verhaltensregeln) ist ein pfadfinderischer Grundsatz, der in den Elementen „Scout Law" und „Promise" zum Ausdruck kommt. Versprechen und pfadfinderische Regeln sind aufeinander bezogen und bilden die Grundlage für eine fortschreitende Selbsterziehung der jungen Menschen. Im Versprechen erklärt das einzelne Mitglied, dass es zur Pfadfindergemeinschaft gehören möchte und sein Handeln an den pfadfinderischen Zielen und Normen ausrichten will. Dabei ist im Hinblick auf das selbsterzieherische Bemühen des Einzelnen das ständige Überdenken des Handelns bezüglich pfadfinderischer Werte von entscheidender Bedeutung.

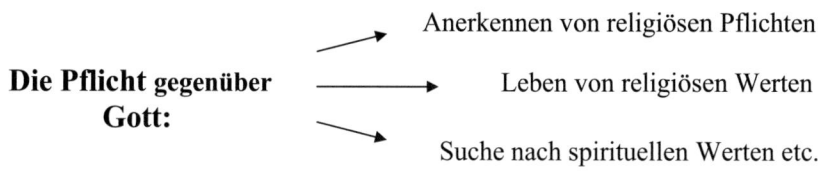

Die Pflicht gegenüber Gott:

Anerkennen von religiösen Pflichten

Leben von religiösen Werten

Suche nach spirituellen Werten etc.

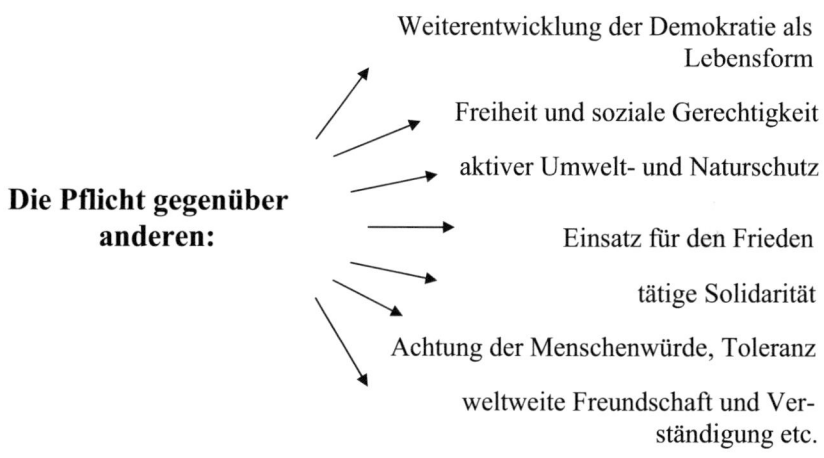

Die Pflicht gegenüber anderen:

Weiterentwicklung der Demokratie als Lebensform

Freiheit und soziale Gerechtigkeit

aktiver Umwelt- und Naturschutz

Einsatz für den Frieden

tätige Solidarität

Achtung der Menschenwürde, Toleranz

weltweite Freundschaft und Verständigung etc.

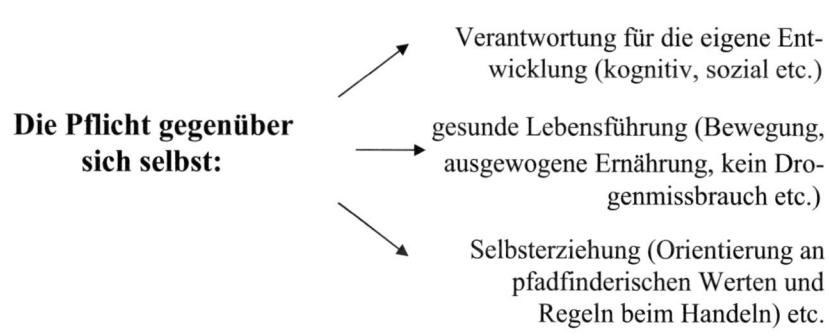

Die Pflicht gegenüber sich selbst:

Verantwortung für die eigene Entwicklung (kognitiv, sozial etc.)

gesunde Lebensführung (Bewegung, ausgewogene Ernährung, kein Drogenmissbrauch etc.)

Selbsterziehung (Orientierung an pfadfinderischen Werten und Regeln beim Handeln) etc.

Schema 6

Eine Orientierungshilfe können vor allem Pfadfinderregeln (Leitlinien) dann leisten, wenn sie verständlich und der Altersstufe entsprechend formuliert sind. Die folgenden Beispiele aus der Wölflings- und Pfadfinderstufe geben Formulierungen der Verbände BdP und DPSG wieder.

Wölflingsversprechen (**BdP** 1987, S. 22):
Ich will ein guter Freund sein und unsere Regeln achten.

Wölflingsregeln: Ein Wölfling nimmt Rücksicht auf andere.
                        Ein Wölfling hilft, wo er kann.

Begriffe lernen Kinder, indem sie in konkreten Situationen – z. B. im Spiel – die Bedeutung erleben und durch Überdenken erfahren!

Begriffe müssen im Wölflingsalter über handelndes Lernen geklärt werden:

Ein Freund

hört dem Anderen zu.
achtet den Anderen.
setzt sich für den Anderen ein.
hilft dem Anderen.
arbeitet mit dem Anderen zusammen etc.

In der 68. Bundesversammlung der **DPSG** wurde ein neues Pfadfindergesetz eingeführt. Die Regeln enthalten die Bereiche „Verpflichtung gegenüber Gott, den anderen und sich selbst" und entsprechen damit den Grundlagen der Pfadfinderbewegung:

1. *Als Pfadfinder/Pfadfinderin begegne ich allen Menschen mit Respekt und habe alle Pfadfinder und Pfadfinderinnen als Geschwister.*
2. *Als Pfadfinder/Pfadfinderin gehe ich zuversichtlich und mit wachen Augen durch die Welt.*
3. *Als Pfadfinder/Pfadfinderin bin ich höflich und helfe da, wo es notwendig ist.*
4. *Als Pfadfinder/Pfadfinderin mache ich nichts halb und gebe auch in Schwierigkeiten nicht auf.*
5. *Als Pfadfinder/Pfadfinderin entwickle ich meine eigene Meinung und stehe für diese ein.*
6. *Als Pfadfinder/Pfadfinderin sage ich, was ich denke, und tue, was ich sage.*
7. *Als Pfadfinder/Pfadfinderin lebe ich einfach und umweltbewusst.*
8. *Als Pfadfinder/Pfadfinderin stehe ich zu meiner Herkunft und zu meinem Glauben.*

4.1.1 Kennzeichnung pfadfinderischer Werterziehung

Pfadfinderische Selbsterziehung berücksichtigt die psychologischen Gesichtspunkte einer Werterziehung. In Pfadfindergruppen ist der Prozess einer selbständigen Bildung von Werten durch eine **Integration von Wert-Handlungs- und Reflexionsorientierung** gekennzeichnet (s. **Schema 7**!):

- Pfadfinden ist vorwiegend handlungsorientiert; das bedeutet auch, dass sich Pfadfinderinnen und Pfadfinder auf Grund konkreter Anlässe eingehend und handelnd mit gesellschaftlichen, natürlichen, politischen oder sonstigen Realitäten beschäftigen. Vor allem problemhaltige Situationen sind geeignet, dass junge Menschen Schlüsselerlebnisse gewinnen können.

- Solche authentischen Erlebnisse bilden die Grundlage für eine auf Werte bezogene Auseinandersetzung mit dem eigenen Tun. In Reflexionsphasen setzen sich Pfadfinderinnen und Pfadfinder mit den pfadfinderischen Werten und Normen wie Gerechtigkeit, Achtung der Menschenwürde oder der Schöpfung auseinander; dabei kommt es zu einem Erfahrungsaustausch über individuelle Erlebnisse, Wahrnehmungen und Gefühle und über die unterschiedlichen Wertauffassungen.

- Durch eine wertbezogene Reflexion über das eigene Handeln und das Erleben wird die selbständige Bildung von Werten ermöglicht. *„Aus den für sich selbst akzeptierten Werten ergeben sich Verhaltensregeln, die als Orientierungshilfe für ein künftiges wertbewusstes Handeln im Alltag dienen können"* (Gerr 2000, S. 152 f.).

Der Erfolg pfadfinderischer Werterziehung hängt davon ab, ob es den erwachsenen Pfadfinderbegleiterinnen und -begleitern gelingt, die Pfadfinderinnen und Pfadfinder anzuregen, das Pfadfinden nach den Grundsätzen einer Handlungs-, Wert- und Reflexionsorientierung zu gestalten (vgl. Gerr 1998, S. 73).

Pfadfinderische Werterziehung

**ist gekennzeichnet
durch eine**

**Integration
von
Handeln – Reflektieren – Wertorientierung:**

Werte und Normen (Regeln)

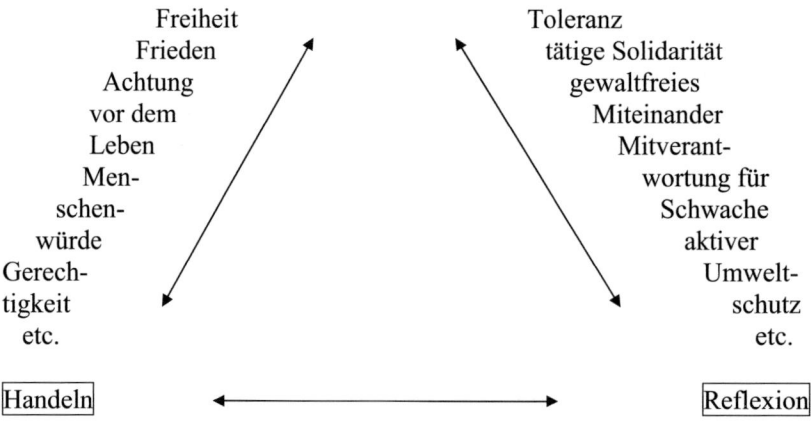

Freiheit   Toleranz
Frieden   tätige Solidarität
Achtung   gewaltfreies
vor dem   Miteinander
Leben   Mitverant-
Men-   wortung für
schen-   Schwache
würde   aktiver
Gerech-   Umwelt-
tigkeit   schutz
etc.   etc.

Handeln ◄─────────────────► Reflexion

**gedankliche Auseinandersetzung
mit dem eigenen Handeln in konkreten Situationen
im Hinblick auf Werte und Verhaltensregeln**

Schema 7
(vgl. Gerr 2000, S. 157)

4.1.2 Zur Umsetzung pfadfinderischer Werterziehung

Pfadfinderische Werterziehung kann gut am Projekthandeln verdeutlicht werden, da ein charakteristisches Merkmal des Projekts die Verbindung von Wert-, Handlungs- und Reflexionsorientierung ist.

Pfadfinderische Projekte sind **handlungsorientiert.** Das bedeutet, dass Pfadfinderinnen und Pfadfinder in allen Phasen des Projekts, also in der Ausgangssituation, bei der Erkundung und Planung, bei der Vorbereitung und Durchführung der Aktion, bei der Reflexion und Dokumentation sowie beim Projektabschluss selbst bestimmt handeln, ganzheitlich (emotional, kognitiv, physisch) beteiligt sind und mit der Aktion die Lösung eines echten Problems aus der Realität angestrebt wird (vgl. Gerr 1998, S. 80). In einer handelnden Auseinandersetzung mit der Realität erkennen die Beteiligten, dass die gesellschaftliche Wirklichkeit veränderbar ist, was auch den Prozess politisch-sozialen Lernens positiv beeinflussen kann.

Beim Projekthandeln orientieren sich die beteiligten Pfadfinderinnen und Pfadfinder bewusst an pfadfinderischen **Werten und Normen.** Bei sozialen oder Umweltprojekten ist meist ein Wertproblem selbst der Anlass für die Entscheidung der Gruppenmitglieder, über ein Projekthandeln eine Lösung dieses Problems oder eine Verbesserung der Situation anzustreben.

Eine **Reflexion** findet beim Projekthandeln nicht nur im Anschluss an die durchgeführte Aktion statt, sondern beispielsweise auch, wenn es notwendig wird, sich mit dem eigenen Verhalten auseinander zu setzen; so können auftretende Konflikte eine gemeinsame Aufarbeitung der sozialen Beziehungen notwendig machen. In der abschließenden gedanklichen Auseinandersetzung werden neben sozialen, emotionalen, organisatorischen, methodischen oder Zielproblemen vor allem auch wertbezogene Gesichtspunkte in der Gruppe reflektiert. Das Überdenken des Handelns in konkreten Projektsituationen im Hinblick auf pfadfinderische Werte und Normen ist fester Bestandteil der Projektphase.

Ein Pfadfinden, bei dem die Verbindung von Handeln, Orientierung an Werten (Regeln) und Reflektieren berücksichtigt wird, kann jungen Menschen bei der selbständigen Bildung von Werten entscheidende Hilfen gewähren.

4.2 Pfadfinderisches Erfahrungslernen („Scouting is Doing")

Ein wesentlicher Grundsatz pfadfinderischer Selbsterziehung ist das **Lernen durch Erfahrung**. Dieses Prinzip kommt dem Bedürfnis junger Menschen entgegen, denn „Lernen durch Handeln und Erfahrung" ist die natürliche Art wie Kinder und auch Jugendliche lernen. Dagegen ist die oft einseitig kognitive Wissensvermittlung, die nicht selten auch heute noch in den öffentlichen Schulen praktiziert wird, nicht nur demotivierend, sondern im Hinblick auf wichtige Erfahrungen für die spätere selbständige Lebensgestaltung und die Bewältigung von Alltagssituationen nicht lern-wirksam genug.

Auch Baden-Powell, der die einseitige Vermittlung von „Buchwissen" in den Schulen kritisiert und eine mangelnde „Charakterbildung" beklagt, ist der Meinung, dass die Schule eher dazu neigt, die „Jungen und Mädchen auf Prüfungsanforderungen vorzubereiten als auf die Bedürfnisse des Lebens" (vgl. B.-P. 1929, S. 12).

Zum pfadfinderischen Grundsatz des „Doing" schreibt B.-P. in seiner Schrift „Scouting and Youth Movements": „(…) wir ermutigen" die Jungen und Mädchen „lieber aktiv beim Handeln zu sein als passive Empfänger von Instruktionen" (vgl. B.-P. 1929, S. 43 f.).

Pfadfinden ist für Baden-Powell keine „verworrene und schwierige Wissenschaft", sondern ein „fröhliches Spiel, (…) das zugleich erzieherisch wirkt" (B.-P. 1953, S. 7). In einem in der Zeitschrift „The Scouter" veröffentlichten Artikel (1916) schreibt er: „Der natürliche Instinkt des Kindes ist es, sich durch eine Beschäftigung selbst zu entwickeln, die wir ,Spiel' nennen" (B.-P. 1941, S. 58).

Alles, was Pfadfinderinnen und Pfadfinder lernen, müssen sie über spielerisches Tun oder über eine handelnde Auseinandersetzung mit der Wirklichkeit erleben und erfahren können (vgl. Gerr 2000, S. 17).

4.2.1 Grundsätze eines Lernens durch Handeln

Handeln, das zum Erfahrungslernen führen soll, setzt eine ganzheitliche Beteiligung des Menschen, ein Lernen mit **„Kopf, Hand und Herz"** (Pestalozzi) voraus. Erkenntnisse der Lernpsychologie besagen, dass ein Lernen über viele Lernkanäle (sehen, hören, handeln, erörtern etc.) besonders wirksam ist. Das vielsinnige (multisensorische) Lernen wird deshalb heute auch als Unterrichtsprinzip in den Schulen gefordert.

Soll pfadfinderisches **„learning by doing"** (Dewey) im Hinblick auf Lern- und Erziehungsprozesse wirksam sein, so sind wichtige Grundsätze zu beachten (s. **Schema 8**!):

- gemeinsames (kooperatives) Handeln in der Gruppe fördert vor allem soziale Lernprozesse;

- aufbauendes Lernen wird vor allem ermöglicht durch die Prinzipien der „kleinen Lernschritte", „vom Konkreten zum Abstrakten" und „vom Einfachen zum Komplexen (Schwierigen)";

- besonders lernwirksam ist ein Einbeziehen aller Sinne (Ganzheitlichkeit) und das Handeln nach dem Grundsatz „Versuch und Irrtum" (aus Fehlern lernt man!);

- ein spielerisches, selbst bestimmtes, selbsttätiges und entdeckendes Lernen trägt zur Steigerung der Motivation und zum kreativen Verhalten bei;

- eine gedankliche Reflexion der Erlebnisse, der Empfindungen und des gemeinsamen Handelns lässt Pfadfinderinnen und Pfadfinder Erfahrungen gewinnen.

Pfadfinderisches Handeln, das nach diesen Grundsätzen verwirklicht wird, eröffnet in vielerlei Hinsicht Lern- und Erziehungschancen (vgl. Gerr 2000, S. 19).

Den Begriff **„Handlungsorientierung"** verwendet man, wenn mit dem Handeln zusätzlich eine Veränderung der Wirklichkeit angestrebt wird (beispielsweise durch Projekthandeln in einer Gemeinde).

Zum pfadfinderischen Grundsatz

„Scouting is Doing"

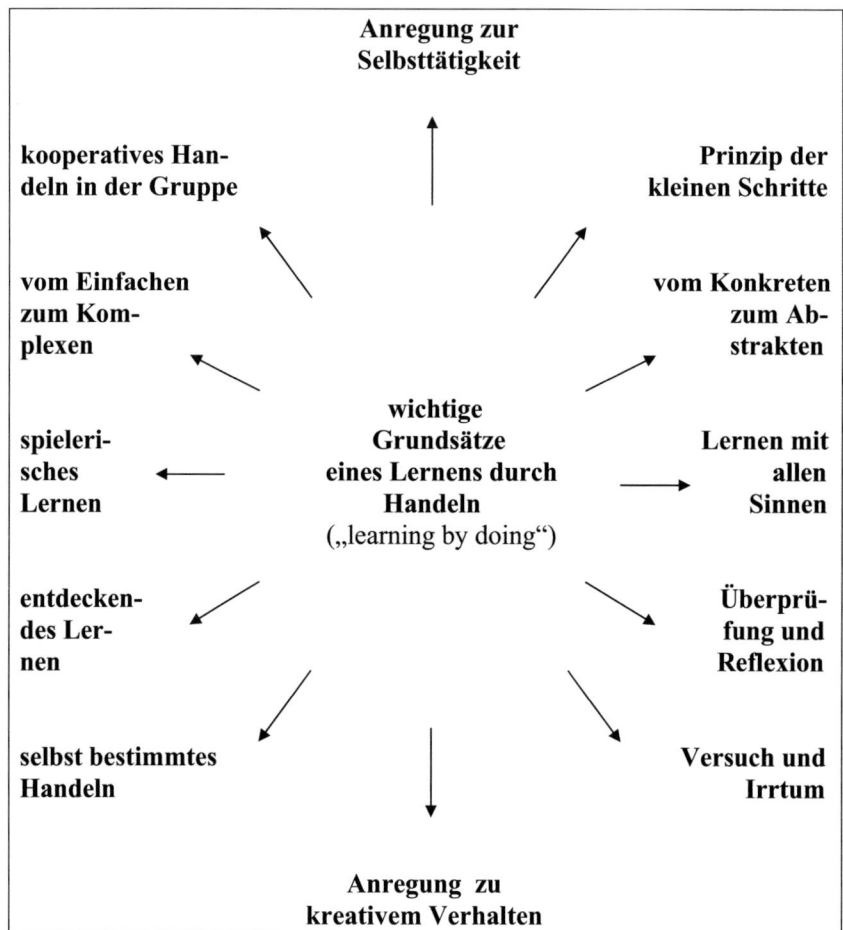

Anregung zur
Selbsttätigkeit

kooperatives Han-
deln in der Gruppe

Prinzip der
kleinen Schritte

vom Einfachen
zum Kom-
plexen

vom Konkreten
zum Ab-
strakten

spieleri-
sches
Lernen

wichtige
Grundsätze
eines Lernens durch
Handeln
(„learning by doing")

Lernen mit
allen
Sinnen

entdecken-
des Ler-
nen

Überprü-
fung und
Reflexion

selbst bestimmtes
Handeln

Versuch und
Irrtum

Anregung zu
kreativem Verhalten

Schema 8

4.2.2 Kreatives Pfadfinden

Eine Förderung der Kreativität ist angesichts der gesellschaftlichen Situation mit ihren zu lösenden Problemen von großer Bedeutung. So werden beispielsweise im Hinblick auf die Entwicklung umweltverträglicher Technologien, aber auch hinsichtlich der persönlichen Bewältigung schwieriger Lebenssituationen kreative Lösungswege gefordert. Auch im Berufsleben werden aufgrund der fortschreitenden Entwicklung vermehrt kreative Fähigkeiten und weniger reproduktive Tätigkeiten erwartet (vgl. Gerr 1986, S. 7). Nicht zuletzt kann eine kreative Freizeitgestaltung zur Erhöhung der Lebensqualität beitragen.

Die Kreativitätsforschung erbrachte wichtige Erkenntnisse, auf welche Weise kreatives Verhalten gefördert werden kann (vgl. Gerr 1986, S. 59 ff.). Pfadfinden mit seinen kind- und jugendgemäßen Handlungsformen (vgl. Teil 6!) kann vor allem dann Kreativität fördern, wenn

- ein demokratischer Leitungsstil praktiziert wird (Entgegenbringen von Wertschätzung, Achtung, Anerkennung, Duldung nicht konformen Verhaltens etc.), damit die Pfadfinderinnen und Pfadfinder die nötige „psychologische Sicherheit" und „Freiheit" (Rogers) gewinnen können,

- bei allen Aktivitäten ein Freiraum für selbst bestimmtes Handeln (bei der Planung, der Wahl der Ziele und der Wege etc.) gewährt wird, auch wenn von den Handelnden Fehler begangen werden,

- Pfadfinderinnen und Pfadfinder zu ungewöhnlichen und originellen Lösungsversuchen bei der Bewältigung von Aufgaben und Problemen angeregt werden,

- der spielerische Charakter bei den Unternehmungen betont wird, damit Leistungsdruck, Frustrationen und Stress vermieden werden,

- zu Erkundungen, zum entdeckenden Lernen, zum Experimentieren, zum Ausprobieren etc. motiviert wird,

- die Gruppe zu spontanen Äußerungen und zur Ideenfindung aufgefordert wird etc. (s. **Schema 9**!).

Kreative Lösungen wirken sich positiv auf das Selbstwertgefühl aus; sie ermöglichen Schlüsselerlebnisse und authentische (echte) Erfahrungen.

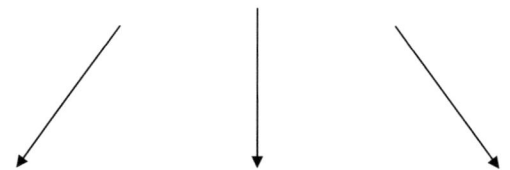

Kreatives Pfadfinden

Freiheitliche
Bedingungen

Tolerieren
nicht konformen
Verhaltens

psychologische
Sicherheit

↓

↓

↓

Spielerisches
Lernen

Selbstbestimmtes
Handeln

Zugestehen
von Fehlern

↓

↓

↓

Entdeckendes
Lernen

Übernahme
von Verantwortung
Verantwortung

Förderung der
Spontaneität

↓

Anregung zur
Ideenäußerung
etc.

Schema 9

4.2.3 Zur Bedeutung pfadfinderischen Erfahrungslernens

Gerade in einer Zeit starken Medienkonsums, der mit einem Verlust an Eigentätigkeit und mit verringerten ursprünglichen Erfahrungen einhergeht, kann pfadfinderisches Erfahrungslernen von Bedeutung sein.

Das Freizeitverhalten der Kinder und Jugendlichen hat sich im Vergleich zur Nachkriegszeit stark verändert. Während sich früher die Kinder die Welt über ein konkretes Handeln in der Wirklichkeit, über ein Erkunden, über Experimentieren und über Probieren aneigneten, werden aufgrund des starken Medienkonsums solche ursprünglichen Erfahrungen nur noch bedingt gewonnen. Über Video- oder Fernsehfilmen wird Kindern nur ein Bild von der Wirklichkeit suggeriert; sie erfahren die Welt „aus zweiter Hand", was häufig mit einem Realitätsverlust verbunden ist (vgl. Gerr 2000, S. 33 f.). *„An die Stelle von Primärerfahrungen treten immer mehr Informationen über Erfahrungen"* (Rolff 1990, S. 69).

Eine solche „**Mediatisierung von Erfahrung**" ist hinsichtlich des Gewinnens von lebensbedeutsamen Erkenntnissen kritisch zu sehen, da durch die ständig wechselnde Bildfolge in Filmen eine gedankliche Verarbeitung beeinträchtigt wird (vgl. Rolff 1990, S. 63). Eigenaktives Handeln in konkreten Situationen ist die Grundlage für echte Erfahrungen und Erkenntnisse.

Der Grundsatz „**vom Konkreten zum Abstrakten**" spielt beim Lernen eine entscheidende Rolle. Dieses Prinzip, dessen Umsetzung auch im Unterricht der Schulen gefordert wird, ist im Erfahrungskegel von **E. Dale** veranschaulicht (s. **Schema 10!**). Bevor beim Lernen Bilder oder Symbole (z. B. Zahlen) eingesetzt werden, müssen genügend direkte Erfahrungen (z. B. Rechenoperationen mit konkreten Mengen) gewonnen worden sein. Fehlt diese Grundlage, ist mit Lernschwierigkeiten zu rechnen.

Oft führt Spielzeug, das heute zum Kauf angeboten wird, zu Konsumhandlungen, da sich beim Spielen die Bedienung häufig nur noch auf bestimmte Handgriffe beschränkt (Betätigung eines Hebels, Knopfdruck etc.). Ein solches Spielen führt meist nicht zu echten Erfahrungen wie sie beispielsweise früher bei der selbständigen Herstellung eines Drachens erworben worden sind. Eigenaktivität dagegen kann zum Erkenntnisgewinn führen. *„Man kann etwas besser verstehen, wenn man es entstehen sieht"* (Rolff 1990, S. 63).

Erfahrungskegel

(nach E. Dale, 1969)

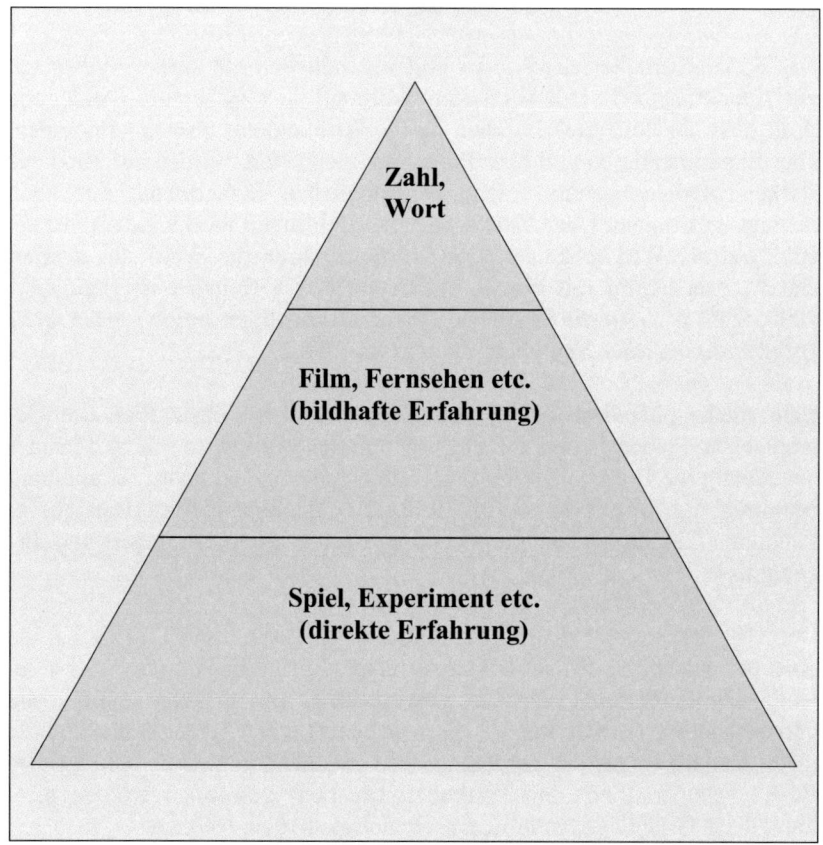

Erfahrungsstufen:

direkte, bildhafte und symbolische Erfahrung

Schema 10

Pfadfinden ermöglicht Kindern und Jugendlichen ursprüngliche Erfahrungen, denn es bietet Aktivitäten an wie die Herstellung von handwerklichen Gegenständen, die auf ihre Funktionsfähigkeit hin überprüft werden, Erkundungen, die in der Lebenswirklichkeit (Natur etc.) stattfinden oder sonstige selbst organisierte und selbsttätig durchgeführte Unternehmungen. Deshalb kann Pfadfinden ein Weg sein, aus einer Konsumhaltung herauszufinden und echte Erfahrungen zu gewinnen.

4.2.4 Pfadfinderische Abenteuerunternehmungen

Große erzieherische Bedeutung kommt pfadfinderischen Abenteuerunternehmungen wie Bergbesteigungen, Segeltörns oder Großfahrten ins Ausland zu (s. **Schema 11**!). Bei solchen Unternehmungen können Situationen auftreten, die ein **Wagnis** bedeuten, was die Pfadfindergruppe zu einer gemeinsamen Bewältigung herausfordert und menschliche Kräfte wie Geduld, Ausdauer, Einfühlsamkeit, Hilfsbereitschaft, Initiative, Mut oder Mitverantwortung für andere mobilisiert. Auch für soziale Lernprozesse stellen solche Unternehmungen eine günstige Ausgangslage dar.

Für die Persönlichkeitsförderung besitzen nach Rochus Spiecker abenteuer- oder erlebnispädagogische Unternehmungen eine existenzielle Bedeutung, da sie den „ganzen Menschen" fordern (vgl. Spiecker 1964).

Erlebnispädagogisches Pfadfinden ermöglicht, alternative Erfahrungen in Grenzsituationen zu gewinnen. Solche sinnlichen Erfahrungen in der Natur und in einem selbst organisierten Gruppenleben, die zum alltäglichen Leben **Kontrasterfahrungen** darstellen, können zu einem kritischen Überdenken der heute in Industrieländern bestehenden konsumorientierten Lebensweise führen und Anstöße für eine sinngerechte und natürliche Lebensgestaltung vermitteln. Sie regen junge Menschen an, das Leben aktiv und sinnvoll zu gestalten anstatt in einer Konsumhaltung zu verharren.

Pfadfinderische Abenteuerunternehmungen
fördern Selbsterziehungsprozesse,
ermöglichen authentische Erfahrungen
und vermitteln wichtige Impulse

Beispiele:

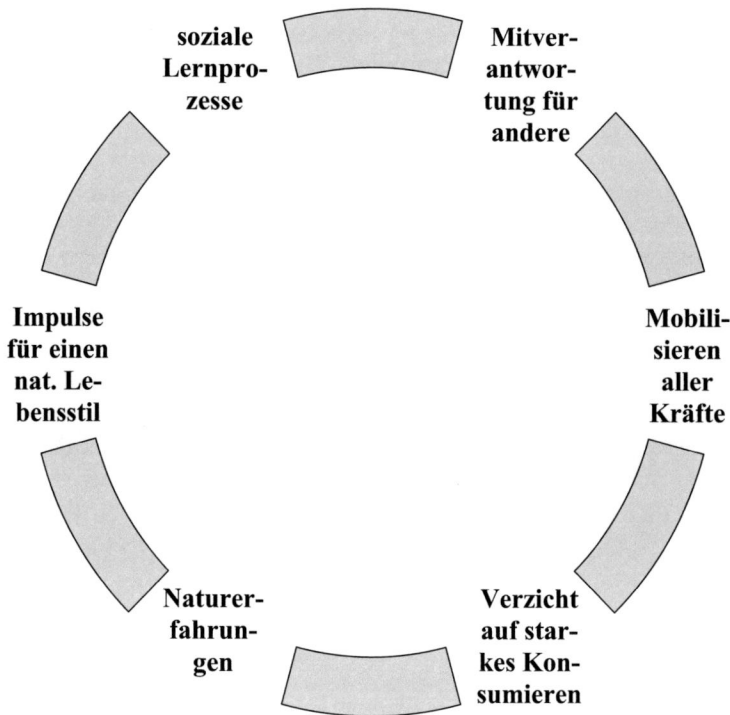

Schema 11

Auch andere pfadfinderischen Handlungsformen mit abenteuerlichem Charakter wie das Zeltlager oder der Gruppenhike (vgl. S. 86!) bieten günstige Voraussetzungen, dass es bei Pfadfinderinnen und Pfadfindern zu intensiven Erlebnissen kommt, die Kräfte im Menschen ansprechen: seine Kreativität, seine Emotionen, seine Fantasie, seine Motivation, seine Entschlusskraft und seine Sinne.

Nach Erich Weber (1975, S. 84) sind solche intensiven Erlebnisse, die sich von gewöhnlichen Alltagserlebnissen abheben, besonders geeignet, dass es zu authentischen Erfahrungen kommt. Von Bedeutung ist dabei, dass die Gruppen zu einer **Reflexion** (gedanklichen Aufarbeitung) des Erlebten im Hinblick auf pfadfinderische Werte und Verhaltensregeln angeregt werden. Erst dann können sich solche echten Erfahrungen verändernd auf ein wertbewusstes Alltagsleben auswirken (s. **Schema 12**!).

Bei ständiger aktiver Auseinandersetzung mit der Wirklichkeit und gleichzeitiger Offenheit für neue Erfahrungen kann dies zu einem lebenslangen Lernprozess führen.

Abschließend ist festzuhalten, dass pfadfinderische Selbsterziehung zur Tätigkeit einen bedeutsamen familien- und schulergänzenden Beitrag zur Persönlichkeitsförderung junger Menschen leistet. Während in den öffentlichen Schulen häufig noch nach dem Schema „vorgeben und erarbeiten" gelernt wird, was mehr zu einem reproduktiven Denken und Handeln führt (vgl. Roth 1973, S. 173), fördert pfadfinderisches Erfahrungslernen vorwiegend eigenaktives Verhalten, Entscheidungs- und Handlungsfähigkeit, kritisches Denken und die Übernahme von Verantwortung für das eigene Handeln, kooperatives und andere prosoziale Fähigkeiten sowie Kreativität bei der Lösung von Aufgaben und Problemen.

Damit befähigt Pfadfinden junge Menschen nicht nur zur **Demokratie als „Form des Zusammenlebens"** (vgl. Dewey 1993, S. 121), sondern auch zur Fähigkeit und Bereitschaft zu eigenverantwortlichem politischen Handeln.

Erfahrungslernen beim Pfadfinden

**Auseinandersetzung mit der Wirklichkeit
in den Pfadfindergruppen:**

gemeinsames Handeln

gemeinsame Erlebnisse

sie sprechen den ganzen Menschen an (sein Interesse, seine
Fantasie, seine Emotionen, seine
physische Kraft, seine Mitverantwortung etc.); sie sind die Grundlage für echte Erfahrungen

gemeinsame Reflexion

gedankliche Aufarbeitung
der Gruppenerlebnisse
beim Handeln im Hinblick
auf demokratische Werte
und Normen
(Verhaltensregeln)

**authentische,
„geteilte Erfahrung" (Dewey)**

↓

**bewusste Veränderung im Verhalten
der Gruppe und des Einzelnen
im Hinblick
auf das Leben von Demokratie im Alltag**

↓

lebenslanges Lernen
bei Offenheit für neue Erfahrungen

Schema 12
(vgl. Gerr 2000, S. 24)

4.3 Lernen in kleinen Gruppen

Baden-Powell, der seinen Militärdienst vor allem in Indien und Afrika ableistete, konnte hinsichtlich der Bildung von kleinen Gruppen („patrols") Erfahrungen bei der militärischen Ausbildung von Kundschaftern und beim Aufbau der Südafrikanischen Polizeitruppe (S.A.C.) gewinnen. Bereits hier erkannte B.-P. die erzieherischen Wirkungen, die von kleinen Gemeinschaften ausgehen. So konnte er bei den Soldaten unter anderem positive Auswirkungen hinsichtlich charakterlicher Eigenschaften wie Zuverlässigkeit, Selbstvertrauen oder Verantwortungsbereitschaft feststellen. Vor allem eine „**Übertragung von Verantwortung**", bei der den jungen Soldaten bewusst auch das Begehen von Fehlern zugestanden wurde, erwies sich als bewährtes Erziehungsmittel (vgl. B.-P. 1914, S. 87).

Bei dem Versuchslager auf der Insel Brownsea (29. Juli bis 9. August 1907) – hier teilte Baden-Powell die Jungen in vier kleine Gruppen ein; für jede Gruppe war ein gleichaltriger „patrol leader" verantwortlich – konnte der Erfolg dieser Organisationsform bestätigt werden. In seinem Erfahrungsbericht schreibt B.-P.: *„Diese Organisation war das Geheimnis unseres Erfolgs"* (B.-P. 1907, Teil III).

4.3.1 Zur Bedeutung einer Bildung von kleinen Gruppen

In „Scouting for Boys" (1935, S. 46) empfiehlt Baden-Powell für die Bildung von kleinen Gruppen die Anzahl von sechs bis acht Mitgliedern. Diese bewusste Beschränkung auf die kleine Mitgliederzahl ist hinsichtlich einer Mitarbeit aller von Bedeutung, soll nicht die Existenz der Gruppe in Frage gestellt werden.

In der pfadfinderischen Erziehungsbewegung besteht keine hierarchische Leitungsstruktur. Aktivitäten werden nicht durch die Verbandsleitung oder die erwachsenen Leiterinnen und Leiter vorgegeben. Deshalb ist auch die pfadfinderische Kleingruppe in ihren Entscheidungen autonom und regelt die Verantwortlichkeiten ihrer Mitglieder selbst (Übernahme der Verantwortung als Schatzmeister, als Materialwart, für das Kochen im Zeltlager etc.).

Zum pfadfinderischen Prinzip einer Übernahme von Verantwortung

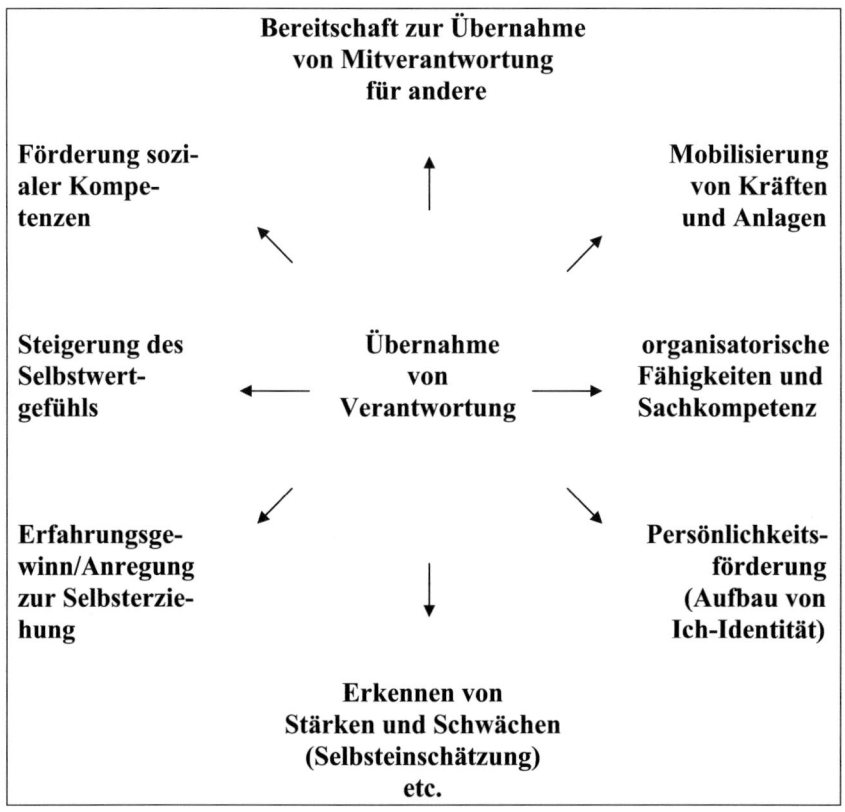

Bereitschaft zur Übernahme
von Mitverantwortung
für andere

Förderung sozi-
aler Kompe-
tenzen

Mobilisierung
von Kräften
und Anlagen

Steigerung des
Selbstwert-
gefühls

Übernahme
von
Verantwortung

organisatorische
Fähigkeiten und
Sachkompetenz

Erfahrungsge-
winn/Anregung
zur Selbsterzie-
hung

Persönlichkeits-
förderung
(Aufbau von
Ich-Identität)

Erkennen von
Stärken und Schwächen
(Selbsteinschätzung)
etc.

Im Hinblick auf eine Persönlichkeitsförderung aller sollte öfters ein Wechsel bezüglich der Übernahme von Verantwortung erfolgen!

Schema 13

Die Verwirklichung des Grundsatz einer „**Übernahme von Verantwortung**" ist im Hinblick auf die Persönlichkeitsförderung von besonderer
Bedeutung (s. **Schema 13!**).

*„Die kleine Gruppe gibt jungen Menschen die Möglichkeit, Verant-
wortlichkeit zu entdecken und zu akzeptieren. Sie können ihre Selbstbestimmung entwickeln. Dies begünstigt die charakterliche Bildung
junger Menschen und hilft ihnen, Kompetenz, Selbstvertrauen, Zuverlässigkeit und Fähigkeiten zur Kooperation und Führung zu erwerben"*
(WOSM 1997, S. 17).

Für seine individuelle Entwicklung zur Persönlichkeit benötigt der Mensch
als personales und soziales Wesen unmittelbare Sozialerfahrungen (vgl.
Gerr 2000, S. 108). In der Gruppe können Kinder und Jugendliche
Einstellungen zu sich und anderen Menschen gewinnen; erst im sozialen
Umfeld erfährt der Mensch seine eigene Identität („Ich-Identität).

Die Gleichberechtigtengruppe (Peergruppe), zu der sich Pfadfinderinnen
und Pfadfinder freiwillig zusammenschließen, gibt jungen Menschen
entscheidende Hilfen auf ihrem Weg der Selbsterziehung. **Grup-
pendynamisches Pfadfinden** (s. **Schema 14!**) ist unter anderem geeignet,
dass junge Menschen

- alternative Verhaltensweisen ohne Angst vor Repressionen ausprobieren und erfahren können,
- ihre Angelegenheiten wie Konflikte ohne direkte Beeinflussung der
  Erwachsenen selbst regeln können,
- im direkten Umgang miteinander soziale Erfahrungen gewinnen
  können,
- durch eine regelmäßige Rückmeldung (Feedback) der Gruppenmitglieder
  die eigenen Einstellungen, Gefühle, Wünsche, Bedürfnisse, Ansprüche
  und die Wirkung des Verhaltens auf andere erkennen können,
- das Gruppenleben bei der Entwicklung pfadfinderischer Wertvorstellungen als Anregung und Hilfe erfahren können,
- Freundschaft, wechselseitiges Vertrauen und Wertschätzung sowie soli-
  darisches Miteinander erleben und erfahren können,
- wachsende Selbstbestimmung, Mitverantwortung und weitere Fähigkeiten lernen können.

Gruppendynamisches Pfadfinden

Kennzeichnung:

Selbstregulie-
rung in der
Gruppe

→

Es findet keine Beeinflussung durch das
Leitungsteam statt!
Die Gruppenmitglieder regeln Konflikte
selbst!
Eine Orientierung an pfadfinderischen
Werten und Normen ist hilfreich! etc.

regelmäßige
Rückmeldung
(Feedback)

→

Es werden Gefühle, soziale Verhaltens-
weisen etc. bewusst gemacht!
Die Kritik bezieht sich nicht auf die ganze
Person, sondern auf das Verhalten!
Eine positive Rückmeldung wirkt sich
günstig auf Lernprozesse aus! etc.

repressions-
freier Erfah-
rungsraum

→

Pfadfinderinnen und Pfadfinder bestimmen
und entscheiden selbst! Sie lernen miteinander und voneinander und gewinnen soziale
Erfahrungen! Eine repressionsfreie Atmosphäre ermöglicht ihnen, alternative Verhaltensweisen zu erproben und zu erfahren! etc.

Schema 14

Die *„gegenseitige Anerkennung innerhalb der Gruppe, das Gefühl von Freiheit und Spontaneität und die Tatsache, dass soziale Kontrolle innerhalb der Gruppe nur informell stattfindet – all dies bietet eine ideale Atmosphäre für die Entwicklung vom Jugendlichen zum Erwachsenen"* (WOSM 1997, S. 17).

Im System der kleinen Gruppen, die unter der Leitung eines gleichaltrigen Gruppenleiters stehen (er ist mit dem Spielführer einer Fußballmannschaft vergleichbar), sieht Baden-Powell die das Pfadfinden kennzeichnende Arbeitsweise, die pfadfinderische Jugendarbeit von anderen Jugendorganisationen unterscheidet (vgl. Reynolds 1943, S. 3).

4.3.2 Das Zusammenspiel der Kleingruppen

Das Zusammenspiel mehrerer Kleingruppen, die eine etwas größere, aber noch überschaubare Gemeinschaft bilden (Rudel/Meute, Sippen/ Trupp, Runden/Kreis), ist heute ein Wesensmerkmal der weltweiten Pfadfinderbewegung. Mit diesem **Kleingruppensystem** wird eine Aktionsfähigkeit auch bei größeren Unternehmungen (z. B. bei einem Projekt) erreicht, die eine Kleingruppe mit sechs bis acht Mitgliedern nicht durchführen könnten. (s. **Schema 15!**).

Die Kleingruppen führen also einerseits ihre eigenen Unternehmungen durch, andererseits arbeiten sie mit den anderen Kleingruppen zusammen, um größere Aktionen wie Projekte oder ein Trupplager durchführen zu können.

Bei diesem Zusammenspiel der Kleingruppen sind alle Mitglieder der Wölflingsmeute, des Pfadfindertrupps oder des Roverkreises (stufenbezogene Bezeichnungen der größeren Gemeinschaften) beteiligt und entscheiden auf demokratischem Wege. Dabei zielen demokratische Entscheidungsprozesse auf die Befriedigung der Wünsche und Bedürfnisse aller (s. **Schema 16!**).

Zusammenspiel der Kleingruppen

↓

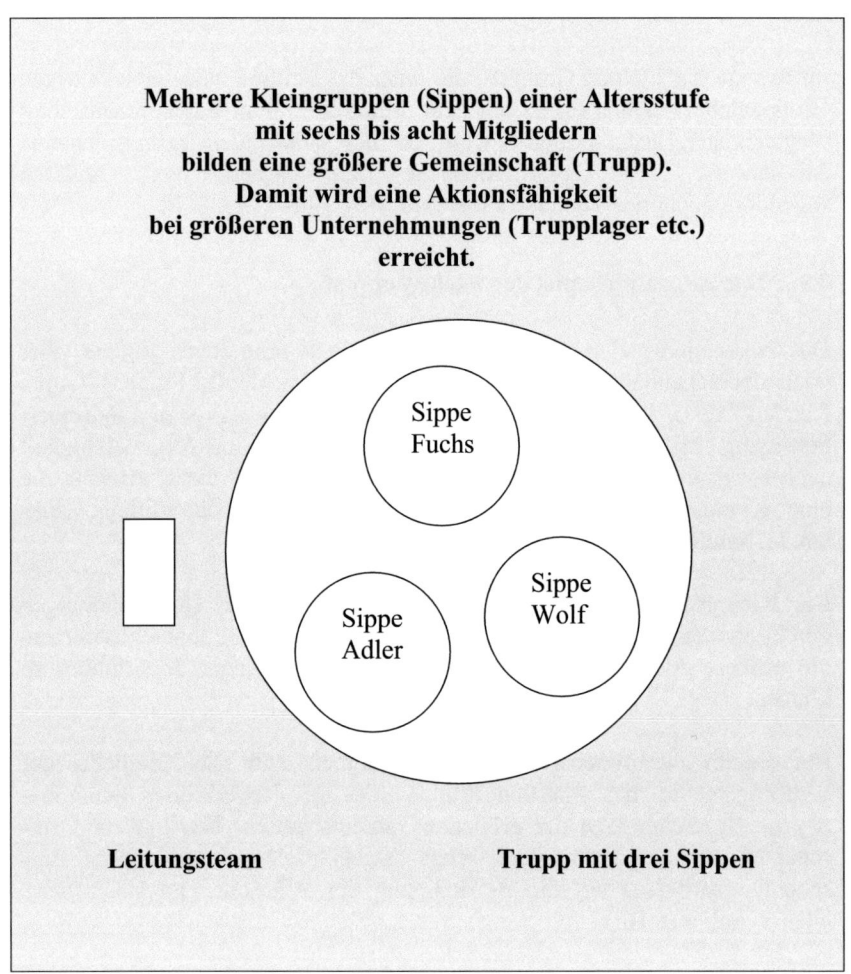

**Mehrere Kleingruppen (Sippen) einer Altersstufe
mit sechs bis acht Mitgliedern
bilden eine größere Gemeinschaft (Trupp).
Damit wird eine Aktionsfähigkeit
bei größeren Unternehmungen (Trupplager etc.)
erreicht.**

Sippe Fuchs

Sippe Wolf

Sippe Adler

Leitungsteam   **Trupp mit drei Sippen**

Schema 15
(vgl. Gerr 2000, S. 91)

Das **Kleingruppensystem** besitzt eine **demokratische Struktur**. Die Wünsche, Bedürfnisse und Vorschläge der Kleingruppenmitglieder hinsichtlich der geplanten gemeinsamen Unternehmung werden durch den gewählten Gruppenleiter im **Rat der Gruppenleiter** (Trupprat) eingebracht. Dem Rat gehören neben den Gruppenleitern auch der erwachsene Leiter oder die Leiterin an. Im Rat der Gruppenleiter werden Möglichkeiten hinsichtlich der geplanten Unternehmung überlegt und konkrete Schritte festgelegt. Dabei werden die Ideen und Bedürfnisse der Gruppenmitglieder durch die Gruppenleiter vertreten. In der **Versammlung** des Pfadfindertrupps (der Wölflingsmeute, des Roverkreises) entscheiden dann alle auf demokratischem Wege über die im Trupprat ausgearbeiteten Vorschläge (s. **Schema 17!**). Dabei sollte den erwachsenen Begleitern im Hinblick auf die Vermeidung von gefährlichen Aktionen und von möglichen Misserfolgen ein Vetorecht eingeräumt werden.

Im Kleinguppensystem der Altersstufen mit seinen demokratischen Institutionen des Rats der Gruppenleiter und der Versammlung wird einerseits ein demokratisches Abgeordnetensystem verwirklicht, andererseits aber auch basisdemokratisches Verhalten eingeübt. Eine solche Arbeitsweise ist eine gute Schulung für eine demokratische Erziehung junger Menschen.

Mit dem **integrativen Leitungsprinzip** (Leitung durch Gleichaltrige und Leitung durch junge Erwachsene) kommt Pfadfinden nicht nur dem jugendlichen Wunsch nach selbst bestimmter Freizeitgestaltung sowie nach vorwiegender Verhaltenskontrolle und Leitung durch Gleichberechtigte (Peers) entgegen, sondern auch dem Bedürfnis, sich an Älteren zu orientieren, die für sie Vorbild sein können (vgl. Gerr 2000, S. 90).

Zu demokratischen Entscheidungsprozessen in der Gruppe

Struktur:

1. Schritt: Aussonderung der Vorschläge, die auf kein Interesse stoßen

↓

2. Schritt: Eingehende Erläuterung der Vorschläge, die von mehreren Gruppenmitgliedern akzeptiert werden, und Darlegung von Verwirklichungsmöglichkeiten und Handlungsschritten

↓

3. Schritt: Prüfung und Diskussion sowie Einbringen von Änderungsvorschlägen

↓

4. Schritt: Herbeiführung einer vorläufigen Entscheidung durch Mehrheitsbeschluss in der Gruppe

↓

5. Schritt: Kompromissvorschläge bei Unzufriedenheit einiger Gruppenmitglieder

↓

6. Schritt: Weitere Bemühungen bei nicht voller Übereinstimmung mit dem Ziel, den Bedürfnissen und Wünschen aller gerecht zu werden

Demokratische Entscheidungsprozesse zielen auf die Befriedigung der Wünsche und Bedürfnisse aller!

Schema 16

Kleingruppensystem:

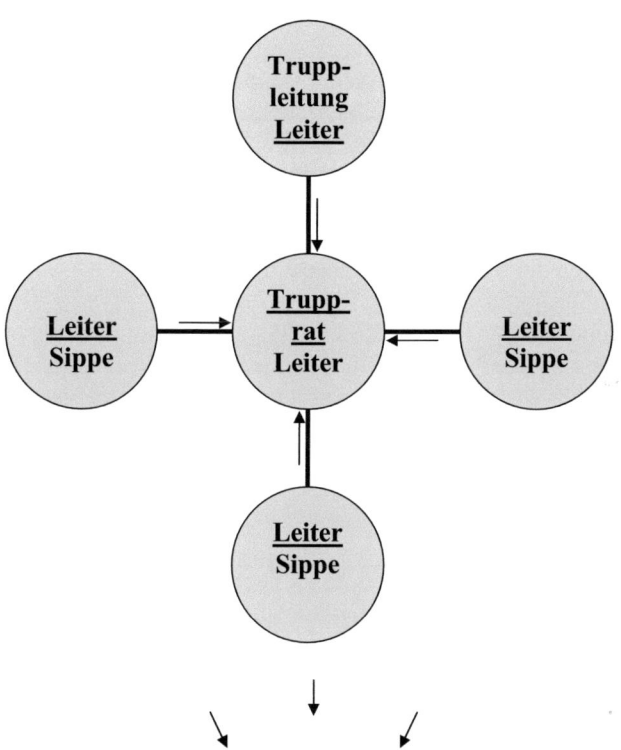

**In der Truppversammlung
beschließen
alle
die Unternehmungen**

Schema 17

4.3.3 Der Pfadfinderstamm

In der Bundesrepublik Deutschland, aber auch in anderen Ländern, sind die Pfadfinderinnen und Pfadfinder aller Altersstufen auf örtlicher Ebene in einem **Stamm** zusammengefasst (s. **Schema 18!**). Auch der Pfadfinderstamm besitzt eine demokratische Organisationsstruktur. Es gibt die **Stammesversammlung** und einen **Stammesrat**. Der Stammesversammlung gehören die Mitglieder aller Altersstufen an; in der Versammlung wird die Stammesleitung gewählt. In der Praxis hat es sich bewährt, dass zwei erwachsene Stammesvorsitzende, eine Leiterin und ein Leiter, die Leitungsaufgaben wahrnehmen. Dem Stammesrat, der für alle Angelegenheiten des Stammes zuständig ist, gehören neben den beiden Vorsitzenden auch die Vertreter der Altersstufen an.

Der Pfadfinderstamm erfüllt eine pädagogische Aufgabe. Er ermöglicht eine Zusammenarbeit von Pfadfinderinnen und Pfadfindern aller Altersstufen und gewährleistet einen kontinuierlichen Erziehungsweg. So können sich beispielsweise bei der Durchführung eines Stammesprojekts alle ihrem Alter und den Fähigkeiten entsprechend beteiligen; die Jüngeren erfahren so über das Vorbild der Älteren (Mitglieder der Pfadfinder- und Roverstufe), was Pfadfinden bedeutet.

Noch in der Nachkriegszeit gab es keine gemischt geschlechtlichen Gruppen. Pfadfinden wurde in reinen Jungen- oder Mädchengruppen und -verbänden verwirklicht. Auch heute noch sind Jungen und Mädchen in zwei Weltorganisationen vertreten (**WOSM / WAGGGS**). Die Trennung wird teilweise auch aus religiösen Gründen (wie in islamischen Staaten) vollzogen. Viele Verbände haben sich bewusst für eine Koedukation entschieden, wobei die Form der Koedukation in den Stämmen – auch im Einvernehmen mit den Eltern – bestimmt wird. Während in der Wölflings- und Roverstufe oft gemischt geschlechtlich gearbeitet wird, können sich wegen der besonderen Interessen und Bedürfnisse und im Hinblick auf die Entwicklung des Rollenverständnisses auch reine Jungen- und Mädchengruppen bilden (vgl. BdP 2002, S. D8).

**Auf örtlicher Ebene
sind die Gemeinschaften im**

P f a d f i n d e r s t a m m

**nach
Altersstufen**

gegliedert

↓

Ein Stamm umfasst:

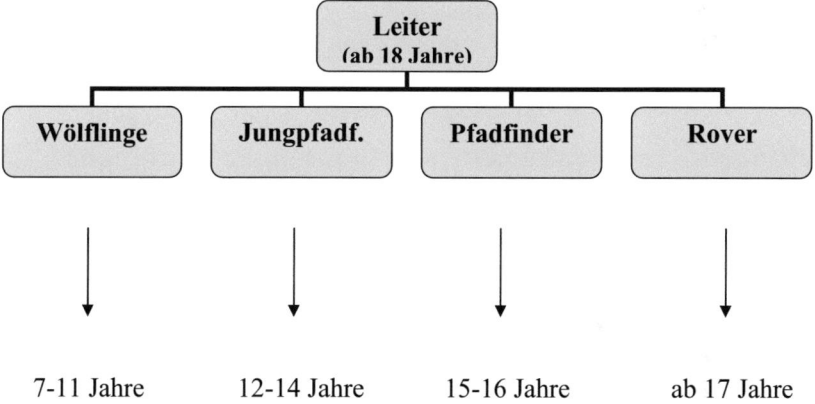

7-11 Jahre	12-14 Jahre	15-16 Jahre	ab 17 Jahre

**Der Stamm ermöglicht eine Zusammenarbeit von Pfadfinderinnen und
Pfadfindern aller Altersstufen
und einen kontinuierlichen Erziehungsweg!**

Schema 18

4.3.4 Aufgaben der erwachsenen Leiterinnen und Leiter

„Pädagoge" bedeutet „Kinder- oder Knabenführer". Der in der deutschen Jugendbewegung ursprünglich verwendete Begriff „Führer" („Führerin") wird wegen der Verfremdung im Dritten Reich in Deutschland nicht mehr gerne verwendet. Da man im Allgemeinen damit auch ein relativ „autoritäres Führungsverhalten" verbindet (Anordnungen, Kontrollen etc.) ist er sicherlich heute nicht sehr hilfreich. Der Begriff „Leiter" („Leiterin") – damit verbindet man in der Umgangssprache eine vorwiegend organisatorische Tätigkeit – ist dagegen kein ursprünglich pädagogischer Begriff.

Am besten könnte man wohl die erzieherische Aufgabe der Erwachsenen mit dem Begriff **„pädagogischer Begleiter"/„pädagogische Begleiterin"** kennzeichnen. Dieser Begriff schließt ein, dass junge Menschen ihren eigenen Weg der Selbsterziehung gehen; die Erwachsenen begleiten diesen Weg und sind immer unterstützend und hilfreich an ihrer Seite. Mit diesem Begriff kommt auch zum Ausdruck, dass die jungen Leute aktiv am Selbsterziehungsprozess beteiligt sind und sich nicht als „passive Mitläufer" zu irgendeinem Ziel hinführen lassen.

Letztlich kommt es aber nicht auf die Verwendung eines Begriffs (auch wenn Begriffe auf Bedeutungsinhalte hinweisen!), sondern auf die Art an, wie die pädagogische Tätigkeit verwirklicht wird.

In der Pädagogik unterscheidet man **„autoritäres"** und **„demokratisches"** Leiterverhalten sowie das **Laissez-faire** (das „Treibenlassen"), das eigentlich überhaupt keine pädagogische Tätigkeit ist.

Demokratisches Verhalten lernen Kinder und Jugendliche nur in einer demokratischen Umgebung. Da Verhaltensweisen immer auch das Ergebnis eines Wahrnehmungslernens sind, ist es wichtig, dass Leiterinnen und Leiter **demokratisches Verhalten** beispielhaft vorleben und einen demokratischen (sozial-integrativen, partnerschaftlichen) Leitungsstil verwirklichen (s. **Schema 19!**).

Ein Leitungsstil, der mit Wertschätzung, Anerkennung, Achtung, Anteilnahme, Herzlichkeit, Vertrauen, Ermutigung, Hilfsbereitschaft, Echtheit und einfühlendem Verständnis gekennzeichnet werden kann, gibt jungen Menschen entscheidende Hilfen für eine günstige Persönlichkeitsentwicklung; so werden unter anderem Selbstachtung, Selbstwertgefühl und Selbstakzeptierung gefördert. Heute weiß man, dass ein Zusammenhang zwischen einem günstigen Selbstkonzept und dem prosozialen Verhalten gegenüber anderen Personen besteht, und Demokratiefähigkeit schließt solche grundlegenden sozialen Fähigkeiten ein (vgl. Schema 3!).

Ein **demokratischer Leitungsstil** trägt wesentlich zum körperlichen und seelischen Wohlbefinden der Kinder und Jugendlichen bei; so finden junge Menschen gefühlsmäßige Sicherheit und inneren Ruhe; sie werden gelöst und zuversichtlich.

Der demokratische Leitungsstil ist durch eine geringe Lenkung und Kontrolle gekennzeichnet; Leiterinnen und Leiter gewähren einen großen Freiraum. Damit wird jungen Menschen selbst bestimmtes und eigenverantwortliches Denken und Handeln ermöglicht und Gelegenheit zum Erlernen eines „sozial verantworteten Gebrauchs der Freiheit" gegeben (vgl. Tausch/Tausch 1979, S. 336).

Ein **autoritärer Leitungsstil** erzeugt dagegen im Allgemeinen eine spannungsgeladene und konfliktträchtige Atmosphäre; weitere Folgen sind Unterlegenheits- und Minderwertigkeitsgefühle, Frustrationen, Ängste, Ärger, Aggressionen und Abhängigkeit vom Urteil anderer. Menschen mit einer geringen Selbstakzeptierung aber „reagieren gegenüber anderen Personen häufig mit Ablehnung, Verteidigung und Feindseligkeit" (Tausch/Tausch 1979, S. 63).

Demokratisches Leiten bedeutet aber nicht, Kinder völlig gewähren zu lassen; beim pädagogischen Begleiten kommen den Leiterinnen und Leitern wichtige Aufgaben zu (s. **Schema 20!**). Neben den im Schema 20 genannten Aufgaben sollten sich erwachsene Begleiterinnen und Begleiter unter anderem auch bewusst der Kritik der Gruppenmitglieder stellen; auf diese Weise kann ein kritisches Denken und selbständiges Handeln bei jungen Menschen gefördert werden (vgl. Gerr 2000, S. 89).

Zur Frage des Leitungsstils
beim Pfadfinden

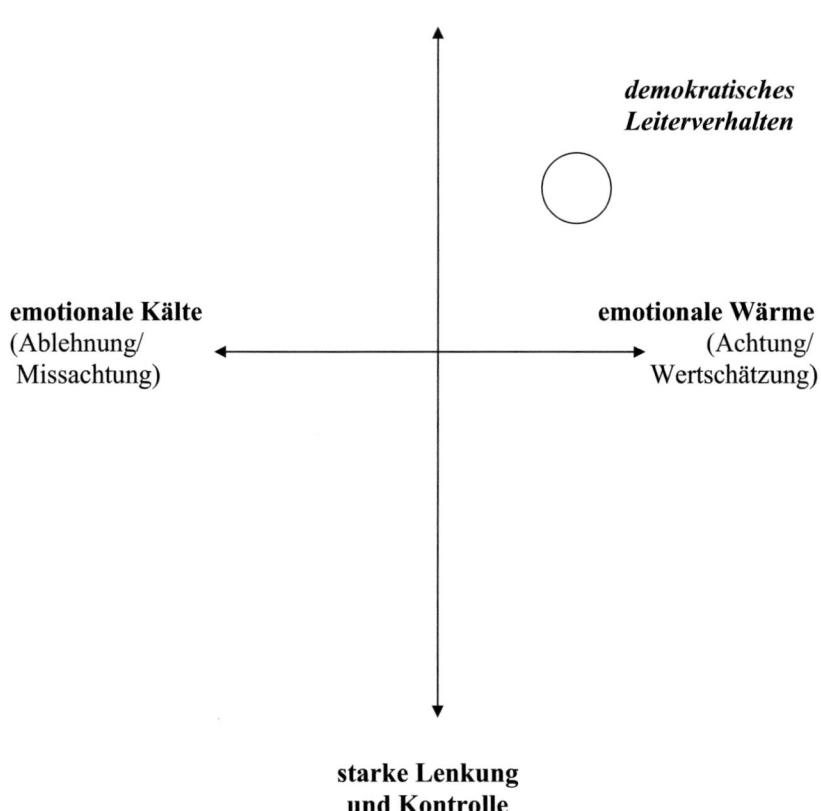

**wenig Lenkung
und Kontrolle**
(permissives Verhalten)

*demokratisches
Leiterverhalten*

emotionale Kälte
(Ablehnung/
Missachtung)

emotionale Wärme
(Achtung/
Wertschätzung)

**starke Lenkung
und Kontrolle**
(restriktives Verhalten)

Schema 19

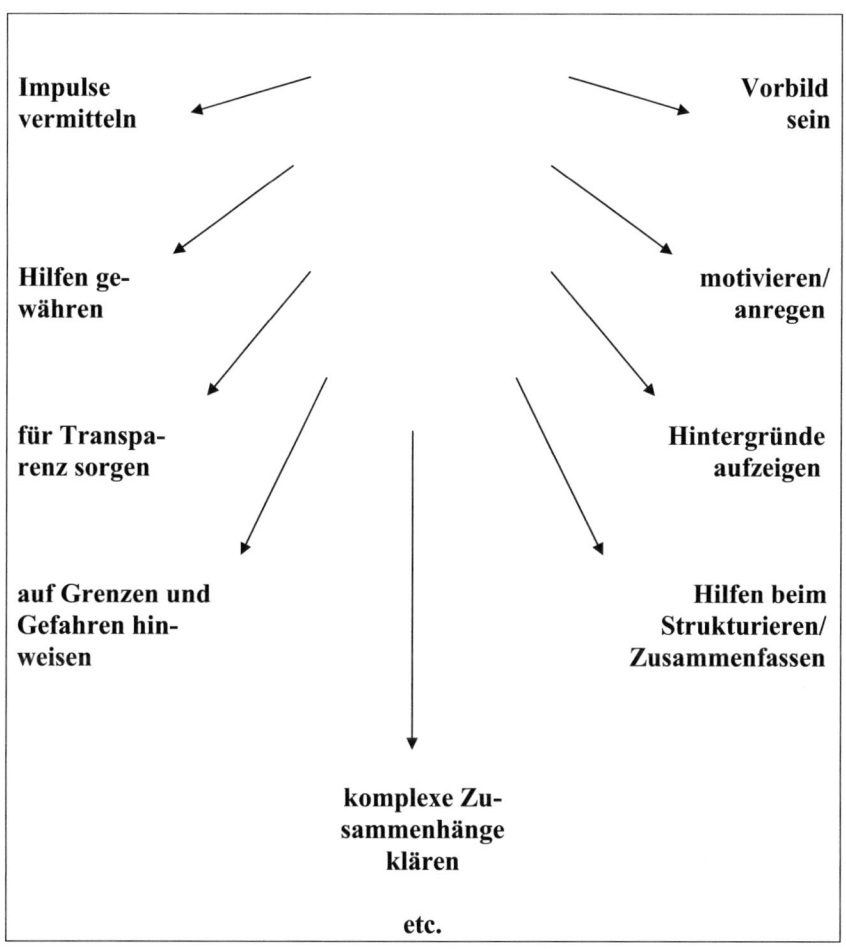

**Aufgaben der
erwachsenen Leiterinnen und Leiter
(Team)**

Impulse
vermitteln

Vorbild
sein

Hilfen ge-
währen

motivieren/
anregen

für Transpa-
renz sorgen

Hintergründe
aufzeigen

auf Grenzen und
Gefahren hin-
weisen

Hilfen beim
Strukturieren/
Zusammenfassen

komplexe Zu-
sammenhänge
klären

etc.

Schema 20

4.3.5 Integratives Pfadfinden

Schon in der Anfangsphase der Pfadfinderbewegung sind Kinder und Jugendliche mit Behinderung in die Pfadfindergruppen aufgenommen worden. In seinem Handbuch „Aids to Scoutmastership" (B.-P. 1920, S. 73 f.) weist Baden-Powell im Kapitel „Gesundheit und Hygiene" auf die günstigen gesundheitlichen und psychischen Beeinflussungen des Pfadfindens auf Jungen mit Lähmungen, Taubstummheit und Blindheit hin; die wachsende Mitgliederzahl von Jungen mit Behinderung machte es notwendig, spezielle Prüfungen zu entwickeln.

Heute sind in vielen Verbänden junge Menschen mit Behinderung in Pfadfindergruppen integriert, und die Teilnahme von Rollstuhlfahrern an internationalen Treffen und Zeltlagern ist keine Besonderheit mehr.

In der Bundesrepublik Deutschland wurden in den fünfziger Jahren in der „Pfadfinderinnenschaft Sankt Georg" (PSG) Mädchen mit körperlichen Behinderungen in **PTA-Gruppen** („Pfadfinderinnen trotz allem") zusammengefasst (vgl. Ring Deutscher Pfadfinderinnenverbände 1957, S. 34). In der „Deutschen Pfadfinderschaft Sankt Georg" (DPSG) bildete die Behindertenarbeit einen Schwerpunkt pfadfinderischen Handelns. Beim ersten Freizeitlager in Westernohe im Jahre 1956 konnten Erfahrungen mit der integrativen Arbeit gewonnen werden; im Jahr 1964 wurde das Erholungsheim für junge Menschen mit Behinderung eingeweiht (vgl. Bundesleitung DPSG 1978, S. 55f.).

Integratives Pfadfinden wird dem Anspruch der Weltpfadfinderbewegung nach Offenheit für alle, die sich pfadfinderischen Grundsätzen verpflichten, gerecht (vgl. WOSM 1997, S. 4). In der „Anerkennung des Rechts auf Teilnahme aller am Gemeinschaftsleben" (vgl. Gerr 2000, S. 99) kommt eine demokratische Grundhaltung pfadfinderischer Jugendarbeit zum Ausdruck.

Integratives Pfadfinden kann auf unterschiedliche Weise verwirklicht werden (vgl. Hopfenzitz/Zielniok 1979); man kann unterschiedliche Organisationsformen unterscheiden (s. **Schema 21**!):

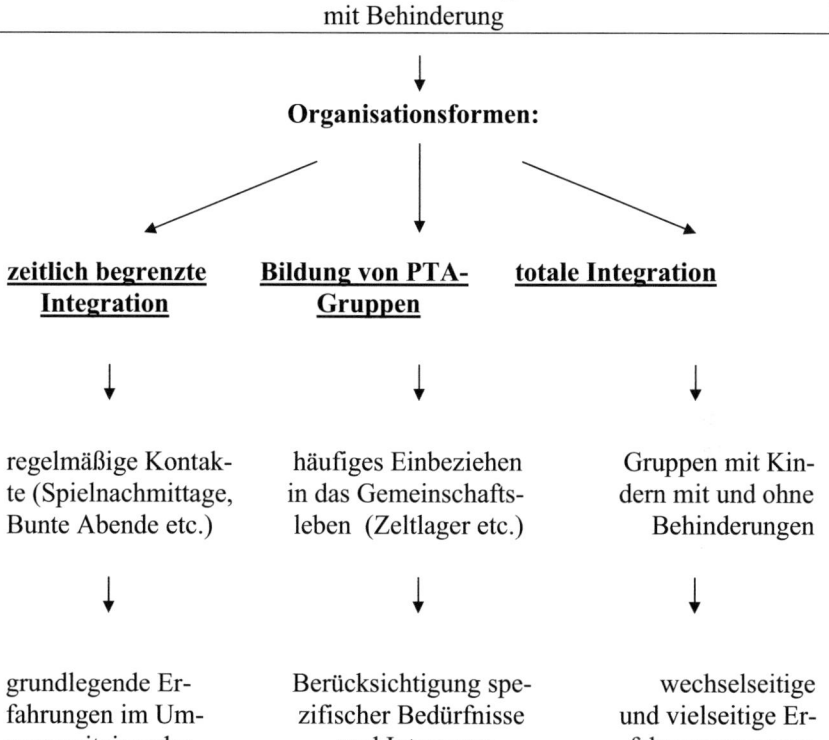

Integratives Pfadfinden
ist offen für Kinder und Jugendliche
mit Behinderung

↓

Organisationsformen:

zeitlich begrenzte   **Bildung von PTA-**   **totale Integration**
Integration   **Gruppen**

↓   ↓   ↓

regelmäßige Kontak-   häufiges Einbeziehen   Gruppen mit Kin-
te (Spielnachmittage,   in das Gemeinschafts-   dern mit und ohne
Bunte Abende etc.)   leben (Zeltlager etc.)   Behinderungen

↓   ↓   ↓

grundlegende Er-   Berücksichtigung spe-   wechselseitige
fahrungen im Um-   zifischer Bedürfnisse   und vielseitige Er-
gang miteinander   und Interessen   fahrungsprozesse

„Pfadfinderinnen und Pfadfinder trotz allem" (PTA)
übernehmen im Rahmen ihrer Möglichkeiten
Verantwortung in den Gemeinschaften

Schema 21

4.4 Natürliches und naturverbundenes Leben

Von der Weltorganisation der Pfadfinderbewegung wird der Grundsatz eines „Lebens in und mit der Natur" dem Bereich „Programme" zugeordnet (vgl. WOSM 1997, S. 15).

Gerade am Beispiel des „natürlichen und naturverbundenen Lebens" lässt sich aufzeigen, dass die „Erziehungsziele", die Inhalte (Programme) und der Erziehungsweg (Methode) eines pädagogischen Handlungsmodells sich nicht klar voneinander trennen lassen. Das Ziel einer sinngerechten (natürlichen) und naturverbundenen Lebensweise kann man nur durch Verwirklichung einer entsprechende Lebensgestaltung im Alltag erreichen; auf diese Weise wird der „**Weg zum Ziel**". Beim Pfadfinden können sich also Ziele, Programme und Weg überschneiden und teilweise „deckungsgleich" sein (s. **Schema 22!**).

Da in einer Zeit starken Konsumierens, in der nicht nur in den USA, sondern auch in Deutschland bereits viele Kinder aufgrund des Bewegungsmangels und einer falschen Ernährung übergewichtig sind und an Diabetes erkranken, eine sinngerechte und natürliche Lebensweise an Bedeutung gewinnt, wird dieser Bereich hier vorwiegend als **„pfadfinderischer Grundsatz auf dem Weg einer Selbsterziehung"** gesehen.

Der Gründer der Pfadfinderbewegung hat dieses pfadfinderische „Ziel" gelebt, also als Lebensgrundsatz begriffen. In seinen zahlreichen Büchern und Artikeln wird von ihm die erzieherische Bedeutung eines Lebens in und mit der Natur sowie einer naturgemäßen menschlichen Lebensweise betont. Sie entspricht der pfadfinderischen Verpflichtung gegenüber sich selbst.

Der **Grundsatz des natürlichen und naturverbundenen Lebens** umfasst (s. **Schema 23!**):

- eine sinngerechte und gesunde Gestaltung des Lebens,

- ein Leben in und mit der Natur und

- eine Mitverantwortung für Umwelt und Natur (Schöpfungsverantwortung).

Natürliches und naturverbundenes Leben
als Erziehungsgrundsatz, Inhalt und Erziehungsziel

In der Pfadfinderbewegung kann das „natürliche und naturverbundene Leben" als **Erziehungsziel**, als **Grundsatz** (Weg der Selbsterziehung) oder als Programm (**Inhalt**) angesehen werden:

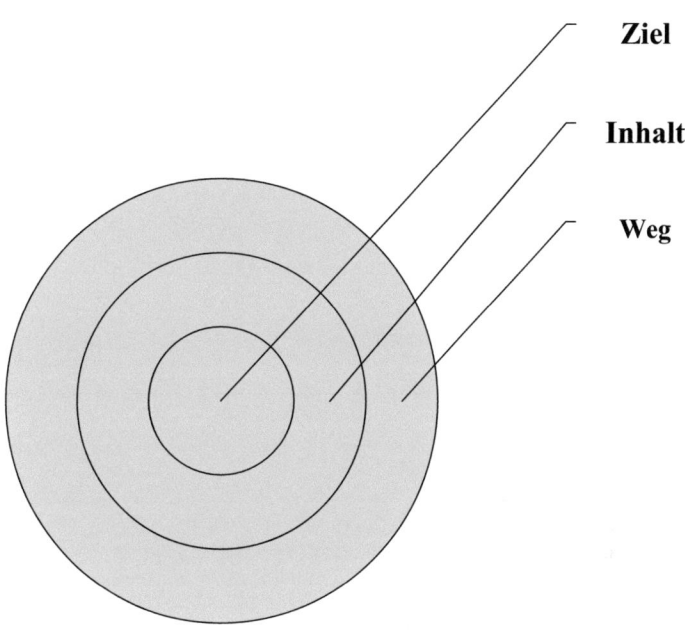

Ziel

Inhalt

Weg

Schema 22

Das Zeltlager, ein Höhepunkt im pfadfinderischen Gruppenleben[4]

---

[4] Hans E. Gerr

Die Verwirklichung
des pfadfinderischen Erziehungsgrundsatzes eines

„natürliches und naturverbundenen
Lebens"

bedeutet:

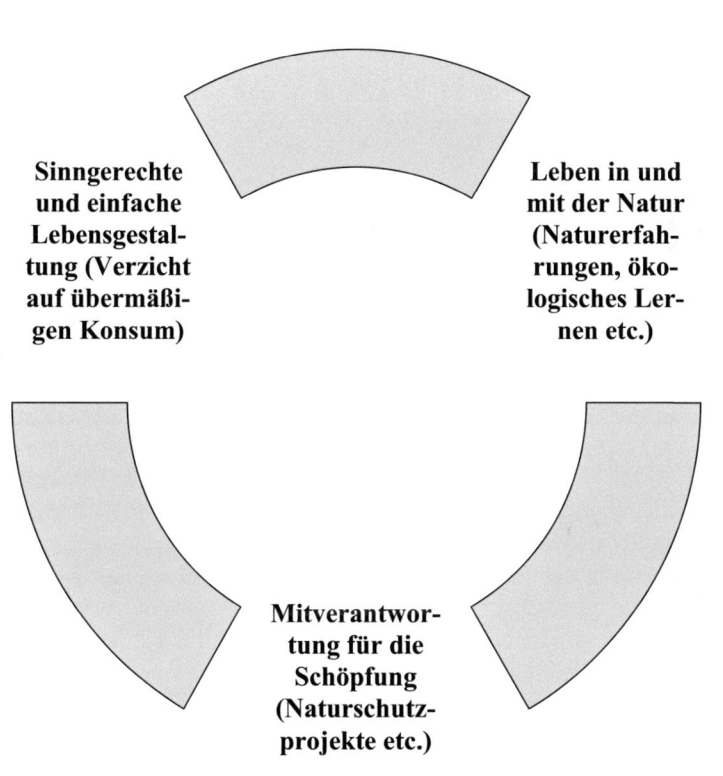

**Sinngerechte
und einfache
Lebensgestal-
tung (Verzicht
auf übermäßi-
gen Konsum)**

**Leben in und
mit der Natur
(Naturerfah-
rungen, öko-
logisches Ler-
nen etc.)**

**Mitverantwor-
tung für die
Schöpfung
(Naturschutz-
projekte etc.)**

Schema 23

4.4.1 Leben in und mit der Natur

Einen Schwerpunkt pfadfinderischer Aktivitäten bildet das „Leben in und mit der Natur". Für Baden-Powell besitzt ein solches Leben für Kinder und Jugendliche nicht nur eine große Anziehungskraft, er sieht in ihm auch ein wirkungsvolles Erziehungsmittel. So ist für ihn beispielsweise das „Lager die bei weitem beste Schule" für eine Charakterbildung; über die Bedeutung des Zeltlagers schreibt er: *„Eine Woche Lagerleben ist ebensoviel wert wie sechs Monate theoretischer Unterricht im Heim, so wertvoll dieser auch sein mag"* (B.-P. 1953, S. 44).

Für die Selbsterziehung kann ein **Leben in und mit der Natur** unter anderem folgende Bedeutung besitzen:

- Bei Kindern können durch spielerische Aktivitäten in der Natur die Wahrnehmungsbereiche (Sinne) gefördert werden. Eine Förderung der Sensibilität ist auch im Hinblick auf soziale Lernprozesse bedeutsam.
- Pfadfinderinnen und Pfadfinder lernen den verantwortungsbewussten Umgang mit der Schöpfung; sie lernen ein umweltgerechtes Verhalten, was Auswirkungen auf das Alltagshandeln haben kann (s. **Schema 24**!).
- Die Natur ist ein idealer Ort für eine ganzheitliche Förderung junger Menschen; so stellen Gemeinschaftsunternehmungen in der Natur (z. B. im Lager) Anforderungen an die manuelle Geschicklichkeit, an Ideen- und Einfallsreichtum oder an soziale Fähigkeiten wie Hilfsbereitschaft, Rücksichtnahme oder Zusammenarbeit und fördern die Einsicht, dass Regeln für ein Zusammenleben hilfreich sein können.
- Ein Leben in der Natur ermöglicht jungen Menschen, das Wunder der Schöpfung zu entdecken; damit können sie den „Zugang zur spirituellen Dimension" gewinnen (vgl. Bundesvorstand BdP 2002, S. 97).
- Über Naturerlebnisse und Naturerfahrungen wird ein gefühlsmäßiges Verhältnis zur Natur entwickelt; es bildet die Grundlage für einen aktiven Einsatz gegen eine fortschreitende Natur- und Umweltzerstörung.
- Bei Umweltspielen, Naturerkundungen, Umweltaktionen und Projekten kann ein fortschreitendes ökologisches Lernen in allen Altersstufen gefördert werden (s. **Schema 25**!). Pfadfinderinnen und Pfadfinder gewinnen Erkenntnisse über Zusammenhänge in der Natur und erfahren eine Veränderbarkeit der Umweltsituation durch gemeinsames aktives Handeln.

Regeln für das
Verhalten in der Natur

Wir schützen die Pflanzen (kein Abreißen von Blättern etc.)!

Wir stören nicht das Wild im Wald (kein Lärmen etc.)!

Wir hinterlassen keinen Müll in der Natur (z. B. im Lager)!

In einem Naturschutzgebiet unterbleiben Geländespiele!

Wir verlassen im Wald nicht die Wege und Pfade (Störung)!

Wir achten auf Brut- und Setzzeiten (keine Geländespiele)!

Motorisierte Fahrzeuge passen nicht in die Natur!

Im Wald entfachen wir kein Feuer (Abstand vom Waldrand)!

Wir lassen kein Glas in der Natur zurück (Brandgefahr)!

Wir stechen die Grasnarbe an der Feuerstelle aus!

Wir halten die Grasnarbe für das Wiedereinsetzen feucht!

Wir verwenden eine biologisch abbaubare Seife!

etc.

Schema 24

Für Baden-Powell besitzt ein Leben in und mit der Natur auch im Hinblick auf eine religiöse Erziehung einen besonderen Stellenwert. In „Scouting and Youth Movements" (1929, S. 63) gibt B.-P. ein Zitat von Dean Inge wieder: „Religion cannot be taught, but it can be caught." Damit möchte er zum Ausdruck bringen, dass sinnliche Erfahrungen in der Natur zur Achtung aller Geschöpfe und damit zur Religiosität und zum Glück führen können. Aktive Religiosität zeigt sich für ihn im Leben von religiösen Werten, vor allem in der Bereitschaft zum „Dienst" an anderen.

4.4.2 Natürliches menschliches Leben

„Natürlichkeit" wird von Baden-Powell nicht ausschließlich mit einem naturverbundenen Leben gleichgesetzt. **Natürlichkeit** bedeutet für ihn auch die Verwirklichung einer der menschlichen Natur entsprechenden, gesunden Lebensweise. Bereits 1911 warnt er in seiner Schrift „Workers or Shirkers" (S. 9) vor den Gefahren eines überzivilisierten Lebens für die Gesundheit.

In seinen Handbüchern „Scouting for Boys" (1908), "The Wolf Cub's Handbook" (1916), "Aids to Scoutmastership" (1919) und "Rovering to Success" (1922) gibt der Gründer der Pfadfinderbewegung Ratschläge für eine gesunde Lebensweise (s. **Schema 26!**).

Beispielsweise sieht B.-P. als negative Auswirkung des Rauchens in der Zeit körperlicher Entwicklung eine Schwächung des Herzens. In seinem Buch „Adventuring to Manhood" (1936, S. 122) weist er darauf hin, dass es noch eine elfte Pfadfinderregel gebe: „A Scout is not a Fool"; das sei der Grund, warum Pfadfinder nicht rauchen würden.

Baden-Powells Konzept einer Gesundheitserziehung entspricht den heutigen Forderungen der Schulmedizin bezüglich einer Vermeidung von Risikofaktoren wie Übergewicht, Bewegungsmangel, Stress oder Nikotin-genuss.

Ökologisches Lernen
in der Pfadfinderbewegung

Grundlagen/Elemente:

**Schulung der
Wahrnehmungs-
bereiche als Basis
für die Erlebnis-
fähigkeit**

**Erkenntnisse
über die Zu-
sammenhänge
in der Natur
und Bewusstsein
einer Veränder-
barkeit der Um-
weltsituation**

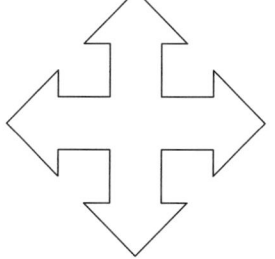

**Umweltgerechtes
Verhalten und
handlungsorien-
tierte Auseinan-
dersetzung mit
Naturschutz- und
Umweltpro-
blemen**

**Naturerlebnisse
und -erfahrungen
sowie Betroffen-
heit über die Um-
weltzerstörung**

Schema 25

Pfadfinderische Gesundheitserziehung

↓

richtige Ernährung
(Mäßigkeit im Essen, frisches Gemüse und Obst etc.)

Sauerstoff und Bewegung
(frische Luft durch Bewegung im Freien, Sport etc.)

regelmäßige Hygiene
(Körperhygiene, Zähneputzen etc.)

gesunder Lebensrhythmus
(keine Hektik, genügend Erholung etc.)

einfaches und natürliches Leben
(mäßiges Konsumieren, keine Verweichlichung etc.)

kein Drogenmissbrauch
(Verzicht auf das Rauchen in der Entwicklungszeit etc.)

Leben in der Natur
(Spiritualität, Selbstbesinnung, psych. Ausgeglichenheit)

etc.

Schema 26

Pfadfinder - eine internationale Gemeinschaft[5]

(Boy Scouts of China beim 18. Weltjamboree 1995)

---

[5] Hans E. Gerr

4.5 Internationales Lernen

Die internationale Pfadfinderbewegung mit ihren humanitären Zielsetzungen erstrebt eine Verbundenheit der Menschen über alle staatlichen Grenzen hinweg. Mit seinen internationalen Begegnungen und Aktivitäten möchte Pfadfinden einen Beitrag zur Förderung von Verständnis, Achtung, Toleranz und Verantwortung füreinander leisten (vgl. Gerr 3/1990, S. 12).

Das Leben einer Freundschaft zu allen Menschen kommt bereits in der ersten Fassung der Pfadfinderregeln von 1908 zum Ausdruck; die vierte Pfadfinderregel wird mit „**A Scout is a Friend to All** (…)" eingeleitet (vgl. B.-P. 1908, S. 49).

Beim 3. Internationalen Kongress über die moralische Erziehung in Genf (28.7. bis 1.8.1922) ging Baden-Powell in seiner Rede auf die Bedeutung von internationalen Beziehungen im Hinblick auf die Schaffung eines weltweiten Friedens ein; zur **pfadfinderischen Friedenserziehung** sagte er: *„Könnte diese Methode in allen Ländern gefördert werden, so dass sich die junge Generation auf der ganzen Welt verbunden fühlte durch das enge Band der Brüderlichkeit, so würde sie Wesentliches beitragen zur Ausrottung des Krieges und zum Anbrechen des so ersehnten Zeitalters des Friedens und des guten Willens unter den Menschen"* (B.-P. 1990, S. 18).

Das „**Leben der Freundschaft zu allen Menschen**" kann vor allem von älteren Pfadfinderinnen und Pfadfinder als „Grundsatz" (Leitsatz) für ihr Handeln auf dem Weg der Selbsterziehung übernommen werden. Ermöglicht wird ein „**internationales Lernen**" (multikulturellen Lernen) über internationale Kontakte bei Auslandsfahrten und internationalen Lagern, bei Projekten in der Dritten Welt, aber auch bei Unternehmungen im eigenen Land, so beispielsweise bei einem Projekt zur Integration ausländischer Mitbürger (s. **Schema 27**!).

Internationales Pfadfinden kann junge Menschen auf die Aufgaben in einer multikulturellen Gesellschaft, in der mehrere Sprachen, Religionen sowie unterschiedliche kulturelle und soziale Lebensgewohnheiten existieren, vorbereiten.

**Internationales Lernen
in der Pfadfinderbewegung
wird ermöglicht durch das
Leben von Freundschaft zu allen Menschen**

Beispiele:

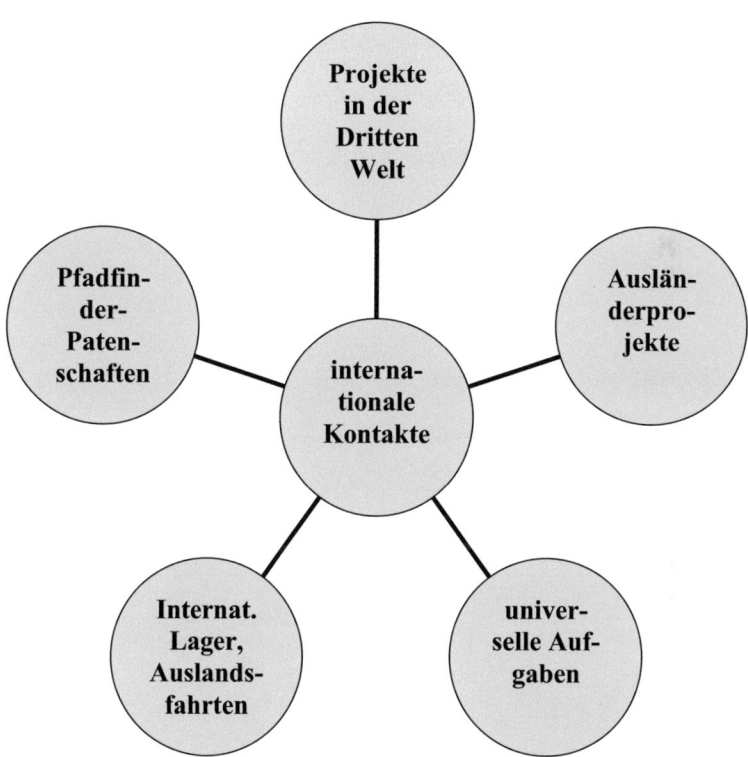

Schema 27

*„Durch ein gemeinsames (übernationales) Angehen der wichtigen Zu-
kunftsaufgaben der Menschheit (Kampf gegen Hunger, Elend und
Armut, Schaffung von sozialer Gerechtigkeit, Bewahrung der Schöpfung
etc.) wird über die staatlichen, nationalen und ethnischen Grenzen
hinweg Freundschaft und Solidarität erfahren, Neugierde und Interesse
füreinander sowie die Bereitschaft, von- und miteinander zu lernen, ge-
weckt. "* Internationales Pfadfinden *„fördert bei jungen Menschen die
Fähigkeit, mit Fremdheit umzugehen, die Toleranz gegenüber Eigentüm-
lichkeiten und die Anerkennung des Anders-Sein von Menschen aus
fremden Kulturkreisen"* (Gerr 2000, S. 187 ff.).

Deutsche Pfadfinder beim 18. Weltjamboree in Holland (1995)[6]

---

[6] Hans E. Gerr

Internationales Pfadfinden

**fördert
multikulturelle Lernprozesse
bei jungen Menschen**

↓

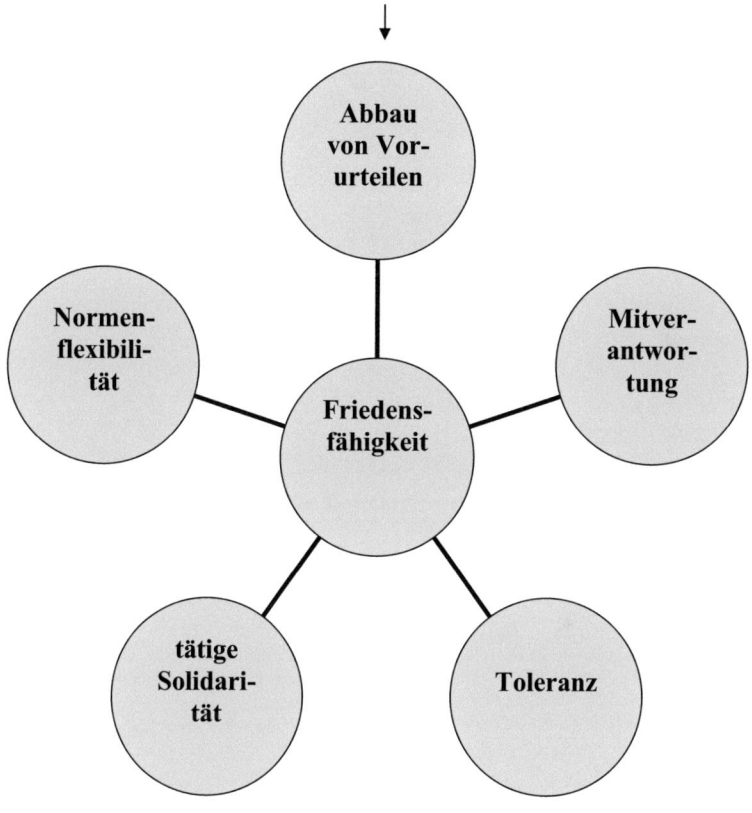

etc.

| **Internationales Pfadfinden
leistet einen Beitrag zur Friedenserziehung** |
|:---:|

Schema 28

Pfadfinder – weltweit verbunden[7]

(Pfadfinderinnen und Pfadfinder aus unterschiedlichen Nationen
beim 18. Weltjamboree 1995 in Holland)

---

[7] Hans E. Gerr

5   Bedürfnisorientiertes Pfadfinden

Pfadfinden besitzt für junge Menschen vor allem deshalb eine große Anziehungskraft, da es den Bedürfnissen, Wünschen und Erwartungen von Kindern und Jugendlichen entspricht.

Leiterinnen und Leiter orientieren sich bei ihrer Tätigkeit an dem Grundsatz **„look at the boy"** („**look at the girl**"). Die Verwirklichung dieses Prinzips wurde bereits vom Gründer der Pfadfinderbewegung gefordert. So wünscht sich Baden-Powell vom „Scoutmaster", dass er ein „Boy-Man" sein möge; unter anderem bedeutet dies, dass er – neben den psychologischen Kenntnissen über die verschiedenen Altersstufen – selbst noch „Jungengeist" in sich tragen müsse, um „die Dinge vom Blickpunkt des Jungen aus zu sehen" (vgl. B.-P. 1920, S. 11).

5.1   Zur Symbolik des Pfadfindens

Für die verschiedenen Altstufen bietet das Pfadfinden eine Symbolik an (s. **Schema 29**), damit Kinder bzw. Jugendliche leichter einen Zugang zu den Werten und Zielen der Bewegung finden können: *„Ein symbolischer Rahmen bezieht sich auf alle Elemente einer Bedeutung, z. B. der Name der Stufen (Wölfling, Pfadfinder, Rover) und Identifikationsmerkmale wie die Uniform, Abzeichen, Lieder, Geschichten und Zeremonien. Alle diese Elemente helfen dabei, einen Hintergrund, eine Atmosphäre zu formen, der die Werte und die Absicht der Bewegung trägt und den jungen Menschen zugänglicher macht, was abstrakte Erklärungen niemals könnten"* (BdP 2002, S. 98).

Beispielsweise symbolisieren die drei aufrecht zeigenden Finger beim Pfadfindergruß oder die drei Spitzen der Lilie die drei ursprünglichen Versprechenspunkte: die Verpflichtung gegenüber Gott und dem Staat (König), die Verpflichtung gegenüber allen Menschen und die Verpflichtung zur Gestaltung des Lebens nach pfadfinderischen Regeln.

Pfadfinden als „symbolisches Spiel" hat auch seine erzieherischen Grenzen. Nicht alle Aspekte einer Selbsterziehung passen in einen solchen Rahmen.

Zur Symbolik der Begriffe:
„Wölfling" – „Pfadfinder" (Scout) – „Rover" (Ranger)

Wölfling:
Namen (Akela, Rudel etc.) und Bräuche (z. B.: Versammlung am Ratsfelsen) sind Rudyard Kiplings „Dschungelbuch" entlehnt. Die Symbolik weist auf eine pädagogische Bedeutung hin. Beispiel: Die Versammlung am Ratsfelsen versinnbildlicht die aktive Beteiligung, die Mitbestimmung oder das soziale und demokratische Verhalten der Wölflinge.

Pfadfinder (Scout):
Baden-Powell spricht von Friedenspfadfindern in den Kolonien, von Grenzsiedlern und Waldläufern; sie führen ein gesundes und abenteuerliches Leben. Sie dienen als Vorbilder für eine Selbsterziehung der Pfadfinder mit dem Ziel, „nützliche Staatsbürger" zu werden. Heute ist ein zentrales Ziel die Demokratiefähigkeit der jungen Menschen.

Rover (Ranger:
Rover sind „Wanderer auf der offenen Landstraße und Lagerer in den Wäldern (…). Ziel der Roverschaft ist (…) der Dienst an anderen" (B.-P.). Von diesen Zitaten Baden-Powells können wichtige pädagogische Aspekte abgeleitet werden: Rover sind unterwegs; so wie die Pfadfinder den Pfad der Selbsterziehung finden, so kann auch das Unterwegs-Sein als Prozess ständigen Lernens und Arbeitens an sich selbst gedeutet werden. Rover stellen sich dem Abenteuer „Leben"; sie fühlen sich allen Menschen und der Schöpfung verpflichtet.
etc.

Schema 29

5.2 Bedürfnisorientiertes Pfadfinden in den Altersstufen

Baden-Powell sieht das Pfadfinden als „fröhliches Spiel" (vgl. B.-P. 1953, S. 7). Hier kommt vor allem das Bedürfnis nach Spaß zum Ausdruck. Kinder und Jugendliche haben teilweise recht unterschiedliche Wünsche und Bedürfnisse, die auch kulturell beeinflusst sein können. In der pfadfinderischen Praxis kann vor allem durch eine Mitbestimmung der jungen Menschen ein Pfadfinden gewährleistet werden, das den Wünschen und Erwartungen aller gerecht wird.

Neben universellen menschlichen Bedürfnissen wie die „soziale Anerkennung" kann man in der Entwicklung des jungen Menschen unterschiedliche Schwerpunkte in den verschiedenen Altersstufen erkennen (s. **Schema 30**!), welche die Leiterinnen und Leiter bei ihrer Begleitertätigkeit berücksichtigen sollten.

So besteht beispielsweise in der Wölflingsstufe (späte Kindheit) ein ausgesprochenes Bedürfnis nach Bewegung und Spiel sowie eine ausgeprägte Neugierde und eine Lust am Entdecken.

Der Grundsatz „look at the boy" („look at the girl") bezieht sich auf die kontinuierliche Persönlichkeitsförderung (Ziele), auf die Entwicklung von fortschreitenden Programmen (Inhalte) und auf die Verwirklichung der Pfadfindermethode mit ihren Grundsätzen (s. **Schema 31**!) - (vgl. Gerr 1998, S. 95).

Während beispielsweise Wölflinge noch mehr Unterstützung durch die erwachsenen Begleiter benötigen, werden mit zunehmendem Alter junge Menschen selbständiger und sind schließlich bei Entscheidungsprozessen autonom. Auch bei der fortschreitenden Programmgestaltung (vom begleiteten Wölflingsspiel bis zur selbständigen Planung und Durchführung von Projekten) wird das Prinzip des aufbauenden Lernens berücksichtigt. Schließlich erzielen Kinder auch auf ihrem Weg der Selbsterziehung zum Erwachsenen Fortschritte. Während Wölflinge im Stadium der „heteronomen Moral" noch sehr das Vorbild der erwachsenen Begleiter benötigen, kommt es bei jungen Erwachsenen zur selbständigen Wertebildung, und sie haben beispielsweise den zentralen pfadfinderischen Grundsatz einer „Freundschaft zu allen Menschen" verinnerlicht.

Zur Bedürfnisorientierung
in den Altersstufen

Alter: ca. 6-12 Jahre	Kennzeichnung der Entwicklungs- stufe/Bedürfnisse/Förderung:

Wölflinge

späte Kindheit

**beginnende
Pubertät**

**Jungpfadfinder
(Fortsetzung)**

- Körperliches Wohlbefinden
- ausgeprägte Neugierde
- Orientierung an erwachsenen Leiterinnen und Leitern
- heteronome Moral
- Denken in konkreten Operationen
- Bedürfnis nach Geborgenheit,
- nach neuen Erfahrungen und nach Anerkennung,
- nach Freundschaft und Selbstbestimmung (Selbstverantwortung)
- Befriedigung des Entdeckungsdranges
- Förderung der Wahrnehmung (Sensibilität) und der Selbständigkeit
- Förderung der Motorik und des Körperbewusstseins
- Förderung der emotionalen Stabilität
- Förderung der kognitiven Konzentration (Sammlung, Ruhe, Stille)
- Förderung der sozialen Offenheit

etc.

Alter: ca. 13-18 Jahre	Kennzeichnung der Entwicklungs- stufe/Bedürfnisse/Förderung:

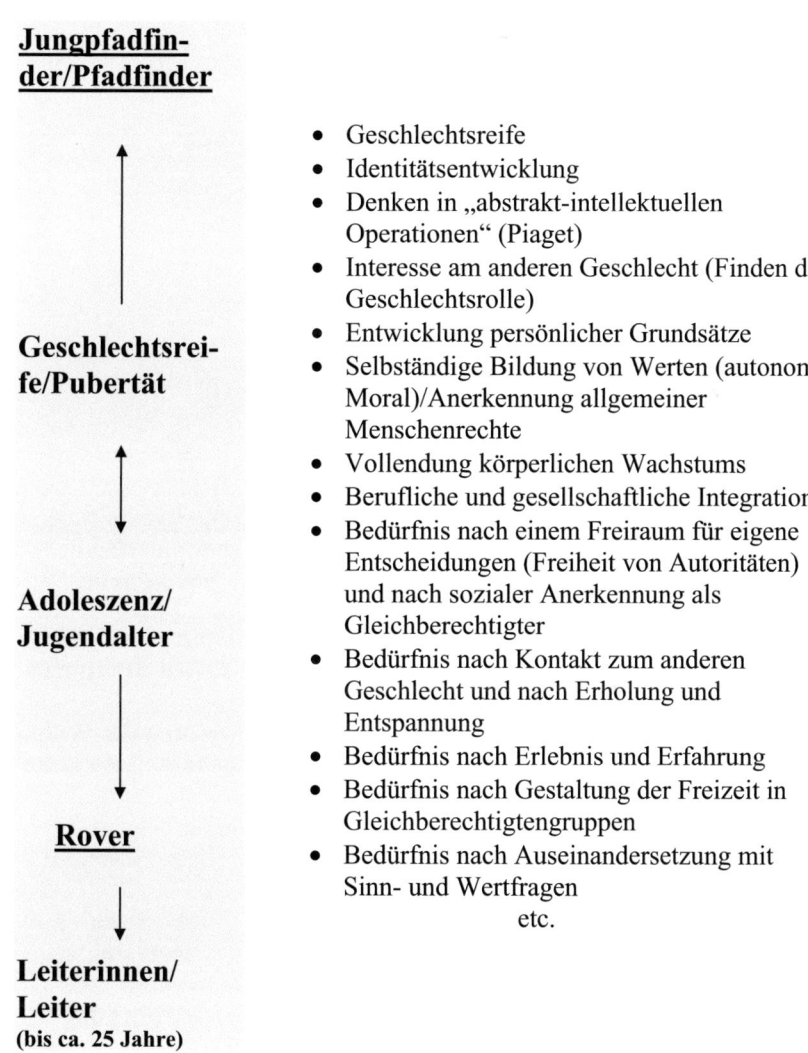

Jungpfadfin-
der/Pfadfinder

↑

Geschlechtsrei-
fe/Pubertät

↕

Adoleszenz/
Jugendalter

↓

Rover

↓

Leiterinnen/
Leiter
(bis ca. 25 Jahre)

- Geschlechtsreife
- Identitätsentwicklung
- Denken in „abstrakt-intellektuellen
  Operationen" (Piaget)
- Interesse am anderen Geschlecht (Finden der
  Geschlechtsrolle)
- Entwicklung persönlicher Grundsätze
- Selbständige Bildung von Werten (autonome
  Moral)/Anerkennung allgemeiner
  Menschenrechte
- Vollendung körperlichen Wachstums
- Berufliche und gesellschaftliche Integration
- Bedürfnis nach einem Freiraum für eigene
  Entscheidungen (Freiheit von Autoritäten)
  und nach sozialer Anerkennung als
  Gleichberechtigter
- Bedürfnis nach Kontakt zum anderen
  Geschlecht und nach Erholung und
  Entspannung
- Bedürfnis nach Erlebnis und Erfahrung
- Bedürfnis nach Gestaltung der Freizeit in
  Gleichberechtigtengruppen
- Bedürfnis nach Auseinandersetzung mit
  Sinn- und Wertfragen
  etc.

Schema 30

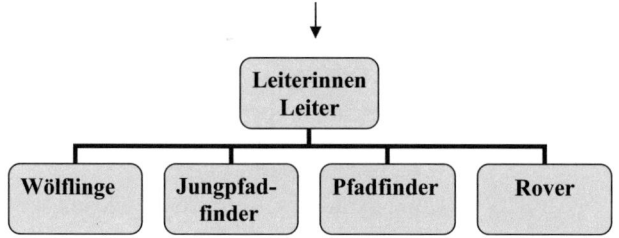

Pfadfinden
berücksichtigt
die besonderen Bedürfnisse der Altersstufen

↓

Leiterinnen
Leiter

| Wölflinge | Jungpfad-finder | Pfadfinder | Rover |

Baden-Powells Grundsatz

„look at the boy"/„look at the girl"

bezieht sich auf die
↓

Inhalte	Pfadfindermethode	Erziehungsziele
fortschreitende Programme:	Verwirklichung der Erziehungsgrundsätze:	kontinuierliche Förderung:
Verwirklichung von Spielideen	Erfahrungslernen	Anbahnen von Fähig-keiten Haltungen
	Kleingruppenarbeit	
Lager und Fahrt		Förderung der Wahr-nehmungsbereiche
	Regeln und Verspre-chen	
Singen und krea-tives Gestalten		körperliche und see-lische Gesundheit
	naturverbundenes und natürliches Leben	
Erkundung der sozialen und na-türlichen Umwelt		Ich-, Sozial- und Sachkompetenz
	internationales Lernen	
Projekte etc. etc.		Demokratiefähigkeit etc.

Schema 31
(vgl. Gerr 1988, S. 95)

6   Formen pfadfinderischen Handelns

Eine handelnde Auseinandersetzung mit der Wirklichkeit ist die Grundlage für fortschreitende Lernprozesse. Im Laufe der Geschichte der internationalen Pfadfinderbewegung haben sich Handlungsformen entwickelt, die das Pfadfinden kennzeichnen. Formen des Handelns wie das Zeltlager oder der Hike heben sich von den oft einseitig kognitiven schulischen Lernformen ab und üben eine stark motivierende Wirkung auf Kinder und Jugendliche aus.

6.1   Zur pfadfinderischen Form des Spielens

Im Jahr 1910 hat Baden-Powell sein Buch „Scouting Games" veröffentlicht, in dem zu den verschiedenen Förderbereichen Spiele beschrieben werden. Bei seinem Versuchslager auf der Insel Brownsea (1907) erfolgte die Gestaltung des Programms vor allem in Form von Wettbewerben und Spielen. Wettbewerbe zwischen Pfadfindersippen wurden auch noch in der Nachkriegszeit in Form von Stafetten durchgeführt.

Heute weiß man, dass Wettbewerbssituationen vor allem schwächere Kinder in ihrer Persönlichkeitsentwicklung (Gewinnen von Selbstvertrauen, Selbstwertgefühl etc.) behindern können (vgl. Orlick o.J.). Konkurrenzfreie Spiele, bei denen man „zusammen gewinnt und lernt", können sich sehr positiv auf die kindliche Entwicklung auswirken (s. **Schema 32!**).

6.1.1   Kimspiele

Vor allem in der Wölflingsstufe ist das Spiel die angemessene Form des Lernens, da eine handelnde Auseinandersetzung mit der Wirklichkeit der operativen Denkart der Kinder entspricht. Neben der Förderung von motorischen, sozialen und anderen Fähigkeiten können auch bei Kindern die Wahrnehmungsbereiche (sehen, hören, tasten, fühlen, schmecken) gefördert werden. Zur Förderung der Sensibilität (als Grundlage für Lernprozesse) eignen sich vor allem die **Kimspiele**; der Name wurde von Rudyard Kiplings Roman „Kim" übernommen (s. **Schema 33!**).

Zur angemessenen Spielform
in der pfadfinderischen Erziehungsbewegung

?

Spiele mit Wettbe-
werbscharakter können

- zu Frustrationen und zu Aggressionen führen,
- Ellbogenmentalität fördern,
- eine egoistische Haltung fördern,
- Schwächeren Misserfolgserlebnisse und Unterlegenheitsgefühle vermitteln,
- bei Schwächeren die Entwicklung des Selbstwertgefühls behindern,
- Konkurrenzdenken und Rivalität verstärken,
- Neid und Missgunst entstehen lassen,
- zu geringem Selbstvertrauen führen

etc.

kooperative Spiele
können

- das Vertrauen und das Mitgefühl stärken,
- Zuneigung und Wertschätzung unter den Spielenden verstärken,
- zur Zusammenarbeit anregen,
- die gegenseitige Hilfsbereitschaft anregen,
- sich positiv auf die soziale Entwicklung auswirken,
- den Gruppenzusammenhalt festigen,
- die Freundschaft untereinander verstärken,
- sich günstig auf die Persönlichkeitsentwicklung auswirken

etc.

Schema 32

Kimspiele
fördern die Wahrnehmungsfähigkeit (Sensibilität)

verschiedene Sinneswahrnehmungen
können gefördert werden

Beipiele:

sehen:
von einer Anzahl
Gegenstände zwei
entfernen und sie
erraten lassen; beim
Partner Veränderungen (Haltung,
Kleidung etc.)
erkennen etc.

riechen:
verschiedene Düfte
aus der Natur
(frisches Holz etc.)
mit verbundenen
Augen riechen und
erraten lassen
etc.

hören:
Geräusche aus dem
Alltag vom Tonband
abspielen und
erraten lassen;
Geräuschfolge als
Handlung erkennen
etc.

tasten:
Gegenstände mit
verschlossenen
Augen ertasten
lassen; Eicheln,
Kastanien etc.
ertasten und
sortieren lassen

schmecken:
verschiedene Getränke (Säfte etc.)
oder Obststückchen
mit verbundenen
Augen schmecken
und erraten lassen
etc.

Schema 33

Kimspiele können zu jeder Gelegenheit, beispielsweise im Heim, auf einer Naturstreife (mit Naturmaterialien) oder im Zeltlager, durchgeführt werden. Sie sind nicht aufwendig, bereiten Kindern Spaß und fördern die Wahrnehmungsfähigkeit. In der Wölflingsstufe sollte darauf geachtet werden, dass Reize aus nur einem Wahrnehmungsbereich angeboten werden (vgl. Gerr 2000, S. 36).

6.2 Zum pfadfinderischen Erkundungslernen

Eine typische Form pfadfinderischen Handelns ist die unmittelbare Auseinandersetzung mit der Lebenswelt. Im Gegensatz zu der heute häufig stattfindenden medialen Erfahrung, ermöglicht **Erkundungslernen** ursprüngliche und authentische Erfahrungen. Vor allem in der Wölflings- und Jungpfadfinderstufe sind Erkundungen aufgrund der Neugierde und des Entdeckungsdranges hoch motivierend. Neben dem Spiel sind Erkundungen die „**natürliche Lernform**" in diesen Altersstufen; auf diese Weise machen sich Kinder die Wirklichkeit verfügbar. Die Erkundungstätigkeit wird aber auch in der Pfadfinder- und Roverstufe praktiziert; sie kann einen Schritt innerhalb eines Projekts darstellen.

Man kann verschiedene Formen des Erkundungslernens unterscheiden (s. **Schema 34**!): die Naturstreife, das Stadtspiel, die Spielrallye (s. **Schema 35**!), das Quiz und die politische Kundschaft, die für ältere Pfadfinderinnen und Pfadfinder eine Form des politischen Lernens sein kann (vgl. BdP 1983).

Erkundungen sollten gut vorbereitet werden. Beispielsweise sind Absprachen hinsichtlich eines klar abgegrenzten Gebiets (z. B. Fußgängerzone) und der zeitlichen Begrenzung notwendig. Bezüglich der Aufgabenstellungen ist darauf zu achten, dass den Akteuren genügend Freiraum für die Umsetzung eigener Ideen gewährt wird. Bestimmte Erkundungstechniken (Festhalten der Informationen, Interview etc.) sollten vorher spielerisch eingeübt werden. Nicht zuletzt sollte auf eine abwechslungsreiche Gestaltung und auf Rhythmisierung geachtet werden; beispielsweise könnten bei einem Stationsspiel auf Stationen mit körperlicher Anstrengung Aufgabenstellungen folgen, die Konzentration, Ruhe oder das Wahrnehmen erforderlich machen.

Pfadfinderisches Erkundungslernen

Formen:

Naturstreife
in einem abge-
grenzten Natur-
gebiet mit
schwerpunktmä-
ßiger Zielsetzung
(z. B.: Spuren im
Schnee; heimi-
sche Vogelarten
etc.)

**politische
Kundschaft**
mit Interviews,
Befragung von
Fachleuten und
Festhalten der
Informationen
zu einem gesell-
schaftspoliti-
schen Thema

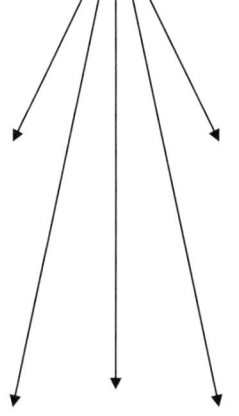

Stadtspiel
in einer be-
grenzten Zone
(z.B. Fußgänger-
zone) mit Aufga-
benstellungen für
die Gruppe zur
selbständigen
Lösung

Stationsspiel
für Gruppen mit
zu erfüllenden
Aufgaben und
Besetzung der
Stationen mit
Leiterinnen und
Leitern

Quiz
als Vorbereitung auf
ein selbst be-
stimmtes Thema mit
aktiver Infor-
mationsbeschaf-
fung und Veran-
staltung eines
Fragespiels

Schema 34

– eine pfadfinderische Handlungsform –

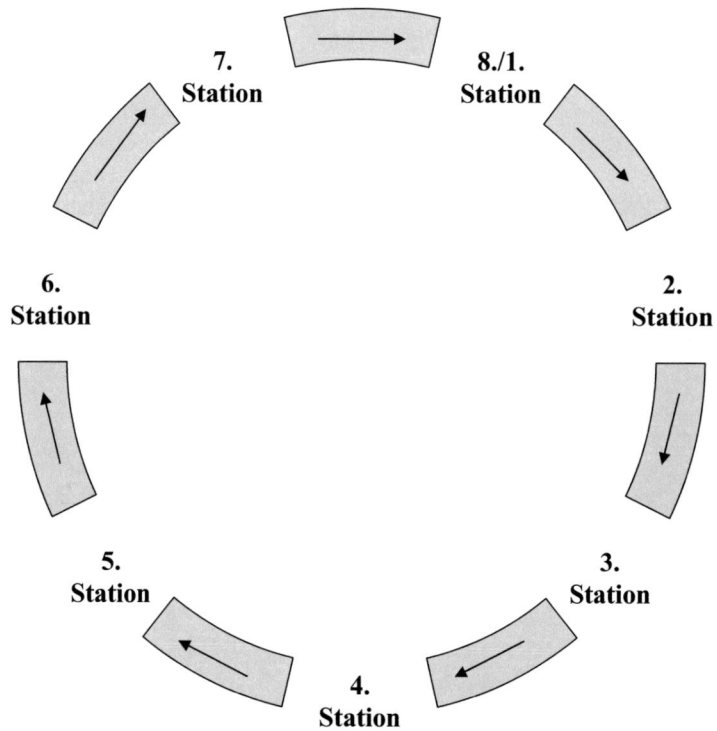

7.
Station

8./1.
Station

6.
Station

2.
Station

5.
Station

3.
Station

4.
Station

Ringstafette mit acht Stationen

Schema 35

6.3 Das Geländespiel

Eine beliebte Handlungsform ist das Geländespiel, das in der Stadt, vor allem aber in der Natur durchgeführt werden kann. Häufig bildet das Geländespiel einen Teil bei der Programmgestaltung eines Zeltlagers. Es kann zur Tages- und zur Nachtzeit stattfinden. Bei Geländespielen in der Natur sind die allgemeinen Regeln für das Verhalten in der Natur zu beachten (s. **Schema 24!**).

Im Mittelpunkt eines Geländespiels steht eine Spielidee, die sich auch aus dem Lagerthema ergeben kann. Häufig wird als Einstieg eine Spielgeschichte erzählt, welche die Spannung bei den teilnehmenden Gruppen erzeugen soll. Danach wird die Aufgabenstellung geklärt und die Gruppeneinteilung vorgenommen. Es sollte darauf geachtet werden, dass die Aufgabenstellungen allen klar sind und der Schwierigkeitsgrad des Spiels dem Alter entspricht.

Bei der Organisation und Durchführung der Geländespiele sind wichtige Gesichtspunkte zu berücksichtigen (s. **Schema 36!**). Vor allem sollte das vorgesehene Gelände zuvor im Hinblick auf Gefahrenquellen erkundet werden.

Auch wenn Kinder aus Freude spielen und für sie das Spiel zweckfrei ist, so besitzt – wie alle pfadfinderischen Handlungsformen – das Geländespiel auch eine erzieherische Bedeutung. So kann es unter anderem Fantasie, Ideenreichtum, kreatives Verhalten und strategisches Denken, aber auch soziale Fähigkeiten wie Rücksichtnahme, Fairplay und gewaltfreies Verhalten fördern.

6.4 Das Zeltlager

Zeltlager sind Höhepunkte im pfadfinderischen Gruppenleben. Das Zeltlager ist für Kinder und Jugendliche ein großes Erlebnis; gleichzeitig ist es wohl auch eines der besten Erziehungsmittel. *„Im Zeltlager wird eine Selbsterziehung der Kinder und Jugendlichen auf ganz natürliche Weise (ohne Belehrung) erreicht"* (Gerr 2000, S. 55).

Zur Durchführung von Geländespielen

Geländespiele werden grundsätzlich gewaltfrei durchgeführt!

Spielidee →	Eine Spielidee, die auf die Teilnehmenden motivierend wirkt, steht im Mittelpunkt des Spiels.
Spielgelände →	Das erkundete Gelände ist übersichtlich, begrenzt (z. B. Fußgängerzone) und passend in der Größe.
Spielregeln →	Die Spielregeln sind gut durchdacht und werden den Teilnehmenden gut erklärt; sie regeln Verhalten und Spielablauf.
Rollenverteilung/Strategie →	Bei der Gruppenbildung und Rollenverteilung werden Wünsche berücksichtigt. Die Gruppen entwickeln Spielstrategien.
Spielzeit →	Spielbeginn und Ende werden zeitlich festgelegt und ein Treffpunkt nach dem Spiel vereinbart.
Durchführung →	Ein zentraler Ort dient als Erste-Hilfe-Station; an diesem kann Kontakt mit der Spielleitung aufgenommen werden.
Abschluss →	In der abschließenden Reflexion werden die Ergebnisse bekannt gegeben. Nicht das Gewinnen, sondern die gemeinsamen Erlebnisse stehen im Vordergrund.

Schema 36

88

Planung und Vorbereitung eines Stammeslagers

Schritte:

- Finden eines geeigneten Lagerplatzes (mit Quelle etc.)

- Kontaktaufnahme/Einholen der Erlaubnis zum Zelten: Eigentümer des Grundstücks, Gemeinde, Förster, Jagdpächter, Bauer (auch wegen Mähen der Wiese)

- Schreiben an die Eltern (Mitteilung wichtiger Informationen, Einverständniserklärung, Finanzierung etc.)

- Antragstellung auf Zuschüsse und Abschließen einer Versicherung

- Bildung eines Lagerrates (Stufenvertreter und Leitungsteam)

- gemeinsame Planung: Ausarbeitung eines Programms für alle Teilnehmenden (für gutes und schlechtes Wetter)

- Ausarbeitung von Regeln (Rechte, Pflichten, Verhalten)

- Planung der Programme für die Stufenaktivitäten, Vorbereitung einer Versprechensfeier etc.

- Aufstellen des Verpflegungsplanes und der Einkaufsliste

- Zusammenstellung des Materials für die Gruppen (Zelte etc.) und Überprüfung des Materials

- Überprüfung und Ergänzung der Erste-Hilfe-Ausrüstung

- Erstellen einer Liste für die individuelle Ausrüstung (Schlafsack, Isomatte, Badesachen etc.)

- gruppenweise Einübung notwendiger Lagertechniken

- Absprachen hinsichtlich der Errichtung der Lagerbauten (Jurtenburg, Altar für den Gottesdienst, Waschstelle etc.)

- Organisation der Anfahrt (Festlegung der Zeit etc.)

etc.

Schema 37

Die erzieherischen Wirkungen im Zeltlager erwachsen aus der besonderen Situation eines Lebens unter einfachen Bedingungen in der Natur, das geeignet ist, unmittelbare Erfahrungen zu gewinnen:

- Die Situation im Zeltlager macht es erforderlich, dass alle „anpacken" müssen (beispielsweise beim Aufbau der Jurte); auf diese Weise lernen Kinder und Jugendliche, Verantwortung für sich und die Gruppe zu übernehmen.
- Ein Leben in „enger Gemeinschaft" (z. B. im Zelt) kann nur dann reibungslos funktionieren, wenn sich alle Gruppenmitglieder bei ihrem Handeln an den pfadfinderischen Regeln orientieren.
- Die zu bewältigenden Alltagsarbeiten wie das Sammeln von Holz für das Feuer und die Gruppenaktivitäten fordern soziale Verhaltensweisen wie Hilfsbereitschaft, Kooperation und Rücksichtnahme heraus.
- Das Lagerleben regt junge Menschen zu Eigeninitiative, Selbständigkeit, Kreativität und zu eigenverantwortlichem Handeln an.
- Beim Erlernen der Lagertechniken (Zeltaufbau, Feuermachen, Kochen, Bau von Lagereinrichtungen etc.) erlernen Pfadfinderinnen und Pfadfinder handwerkliche und lebenspraktische Fertigkeiten.
- Zeltlager in freier Natur sind geeignet, dass Kinder und Jugendliche die für die ökologischen Lernprozesse so wichtigen Naturerfahrungen sammeln können. Sie erlernen ein umweltgerechtes Verhalten und einen schonenden Umgang mit der Natur. Diese in der Natur entwickelten Verhaltensmuster (Verzicht auf Material, das die Umwelt belastet etc.) können auf das Leben im Alltag übertragen werden.
- Wie bereits erwähnt, kann das Erkennen des „Wunders der Schöpfung" auch die spirituelle und religiöse Erziehung junger Menschen positiv beeinflussen.
- Für Leiterinnen und Leiter bietet das Zeltlager aufgrund des intensiven Kontakts die Chance, als Vorbild zu wirken.

„Wann immer es möglich ist, sollten Pfadfinderaktivitäten im Freien, im direkten Kontakt mit der Natur stattfinden, da sie die ideale Umgebung bietet, in der eine harmonische und ganzheitliche Entwicklung junger Menschen stattfinden kann" (WOSM 1997, S. 19).

Materialliste für das Zeltlager

Was nehme ich ins Lager mit?

- ☐ Rucksack
- ☐ Ausweis, Impfpass, Krankenversicherungskarte
- ☐ Schlafsack und Isomatte
- ☐ Unterwäsche und Socken
- ☐ T-Shirts und Pullover
- ☐ vollständige Kluft
- ☐ kurze und lange Hose
- ☐ Regenjacke und Kopfbedeckung
- ☐ Schlafanzug oder Trainingsanzug
- ☐ Turnschuhe/Sandalen
- ☐ feste Schuhe zum Wandern
- ☐ Badesachen
- ☐ biologisch abbaubare Seife und Zahnpasta, Zahnbürste
- ☐ Essgeschirr und Besteck im Beutel
- ☐ Geschirrtuch
- ☐ Trinkbecher und Feldflasche
- ☐ Liederbuch und Instrument
- ☐ Taschenlampe und Taschenmesser mit Nagelfeile etc.
- ☐ Allzeit-Bereit-Päckchen mit Nähzeug, Pflaster etc.
- ☐ verschriebene Medikamente
- ☐ Taschengeld und persönliche Utensilien etc.

Packe den Rucksack so, dass die wichtigen Sachen auch bei Dunkelheit griffbereit sind!

Schema 38

6.5 Der Hike (Hajk)

„**H**ike" leitet sich vom englischen Begriff „hike" ab, was „wandern" bedeutet. In Schweden wurde der „Hajk" als Bestandteil eines Trainings begriffen; die „Hajkgruppen" verweilten mehrere Tage in einer Wildnis und hatten hier Aufgaben zu lösen (vgl. Gruppenpädagogische Literatur 1976, S. 1). Die Bewältigung von solchen abenteuerlichen Situationen zeigt hinsichtlich der Persönlichkeitsförderung große Wirkungen. Deswegen werden heute teilweise auch bei der Ausbildung von Managern solche abenteuerpädagogischen Elemente in das Trainingsprogramm aufgenommen.

In der Pfadfinderpraxis kann man Gruppen- und Einzelhike unterscheiden. Der Hike ist eine **Handlungsform mit Aufgabencharakter**. Der **Gruppenhike** ist für ältere Pfadfinderinnen und Pfadfinder geeignet. Die Gruppe ist auf einer vorgegebenen Strecke ein bis zwei Tage unterwegs und hat verschiedene Aufgaben zu erfüllen (Anfertigung einer Wegskizze von der Hikestrecke, Bestimmung von Pflanzen, Verfassen eines Erlebnisberichts, Erkundungen über die geologischen Besonderheiten einer Gegend etc.). Häufig ist der Gruppenhike Teil eines Lagerprogramms und kann zur Erkundung der Gegend, in der das Standlager stattfindet, dienen. Ein Gruppenhike besitzt die gleiche erzieherische Bedeutung wie andere abenteuerliche Unternehmungen in der Natur (Gewinnen von Naturerfahrungen, Förderung sozialen Lernens etc.).

Eine erfolgreiche Durchführung des Gruppenhikes ist abhängig von einer guten Vorbereitung und Organisation. So sind unter anderem die Hikestrecken festzulegen, das Kartenmaterial zu besorgen und die Aufgabenstellungen zu formulieren (s. **Schema 39!**).

Der **Einzelhike** ist als Handlungsform vor allem in der Roverstufe geeignet; er ist symbolischer Ausdruck für das „Unterwegs-Sein" der Rover. Die Abgeschiedenheit von der Zivilisation und die Ruhe in der Natur gewähren Raum für Spiritualität und Selbstbesinnung. Hier gewinnen Rover für sich die Zeit, über den Sinn ihres Daseins und über die weitere Lebensgestaltung und die Aufgaben in Beruf, Familie und Gesellschaft nachzudenken.

Pfadfinden bedeutet unterwegs sein:
Der Hike (Hajk)

Hikevorbereitung
(Einzelhike)

- Die Teilnehmenden erhalten wichtige Informationen bezüglich der Hikestrecke, der Ausrüstung und des Hikegebietes!
- Es wird das Kartenmaterial verteilt bzw. die Teilnehmenden dürfen sich nach einer Karte Skizzen bezüglich der Wegstrecke anfertigen!
- Sonstige Fragen (Abfassung des Hikeberichts, besondere Regelungen in Naturschutzgebieten etc.) werden geklärt!
- Der Zeitpunkt für die Rückkehr der Hiketeilnehmenden im Roverlager wird vereinbart!

↓

Hikedurchführung

- Die Teilnehmenden dürfen sich aus vorhandenen Lebensmitteln (Mehl, Zucker, Brot, Kartoffeln, Obst etc.) selbst die Zutaten für die Mahlzeiten, die sie unterwegs zubereiten, zusammenstellen!
- Die schriftlichen Aufgabenstellungen werden ausgeteilt (die verschlossenen Briefe werden erst unterwegs geöffnet)!
- Die Teilnehmenden begeben sich auf die Hikestrecke und lösen die individuell gestellten Aufgaben!

↓

Hikeabschluss

- Der Hikeabschluss findet im angemessenen Rahmen (Feuerkreis, Jurte) statt und wird vom Leitungsteam und den Teilnehmenden gut vorbereitet (eine warme Mahlzeit ist angebracht)!
- Auf Rhythmisierung (Wechsel von Erlebnisberichten, gemeinsames Singen, Vortrag von verfassten Gedichten etc.) ist zu achten!

Schema 39

6.6 Die Fahrt

Der Begriff „Fahrt" kann unterschiedlich gedeutet werden. So wird beispielsweise in der Wölflingsstufe von **Wochenendfahrt** gesprochen; häufig wird dieses Wochenende auf einer Hütte verbracht und ermöglicht den Wölflingen, mit ihren Leiterinnen (ohne Eltern) zwei bis drei Tage gemeinsam zu verbringen und sich noch besser kennen zu lernen.

Der Begriff „Fahrt" ist für Außenstehende missverständlich; wenn man von der Anfahrt zum Ausgangsort der Fahrt (meist mit öffentlichen Verkehrsmitteln) absieht, findet eine Fahrt abseits der breiten Straßen und Wege ohne motorisierte Fahrzeuge statt. Sie dauert in der Regel zwei bis vier Wochen und ist vor allem für ältere Pfadfinderinnen und Pfadfinder eine angemessene Handlungsform. Öfters wird auch von „**Großfahrt**" oder von „**großer Fahrt**" gesprochen; in der Deutschen Jugendbewegung wurde sie als „Lebensform" begriffen, und sie wurde oft im Ausland durchgeführt.

Fahrten finden häufig zu Fuß statt, wobei sich die Gruppe die Beförderung der gemeinsamen Materialien aufteilt; beispielsweise werden die vier Kohtenblätter von vier Gruppenmitgliedern getragen. Fahrten können aber auch mit Booten auf einem Fluss oder mit Fahrrädern durchgeführt werden. Vor allem Auslandsfahrten sollten im Hinblick auf Besonderheiten der Gegend gut vorbereitet werden (s. **Schema 40**!).

„Die Fahrt bedeutet für die Pfadfindergemeinschaft ein Wagnis mit einem ungewissen Ausgang. Die gemeinsam zu bewältigenden Situationen zwingen die Jugendlichen, Gruppenkonflikte schnell zu lösen. Das Bestehen von Abenteuern auf der Fahrt lässt keine Passivität zu, sondern fordert alle zu Entscheidungen und zum Handeln heraus" (Gerr 2000, S. 79).

Von der Fahrt können bedeutende erzieherische Wirkungen ausgehen; so lernen junge Menschen in Grenzsituationen, Verantwortung für sich und die Gruppe zu übernehmen. **Auslandsfahrten** ermöglichen neben intensiven Naturerlebnissen den Kontakt mit Einheimischen und das Kennenlernen anderer Kulturen, Lebensgewohnheiten und Normen; damit ergeben sich Möglichkeiten für interkulturelle Lernprozesse.

Die Fahrt in der Pfadfinderbewegung
Vorbereitung – Durchführung – Nachbereitung

↓

Planung und Vorbereitung der Fahrt:

- Besorgung von Reiseführern und Kartenmaterial
- Festlegung der Route und der Unternehmungen
- Überprüfung: Impfausweise, Reisepässe, Fahrtenapotheke
- Überprüfung: individuelle Ausrüstung (Checkliste)
- Überprüfung der Gruppenausrüstung (Zelte etc.)
- Besorgung der Ausrüstung für besondere Unternehmungen
- Einübung notwendiger Techniken (z. B. Abseilen)
- Absprache von Verhaltensregeln in Gefahrensituationen und für besondere Unternehmungen (z. B. Klettertour)
- Beschäftigung mit der besonderen Situation der Gegend

↓

Durchführung der Fahrt

- Anfahrt mit öffentlichen Verkehrsmitteln zum Ausgangsort
- Die Fahrt selbst findet abseits der breiten Straßen und ohne Verwendung von motorisierten Fahrzeugen statt
- Abweichungen von der Planung entscheiden alle Teilnehmerinnen und Teilnehmer
- Naturerlebnisse, Abenteuer und der Kontakt zu Einwohnern stehen im Mittelpunkt der Fahrt im Ausland

↓

Nachbereitung der Fahrt

- Erlebnisse werden durch Fotos/Fahrtenbericht aufgefrischt
- Abschließende Reflexion über Organisation, Verhalten etc.

Schema 40

6.7 Das Rollenspiel

In der pädagogischen Praxis wird das Rollenspiel zur Förderung der sprachlichen Fähigkeiten und des sozialen Lernens eingesetzt. Bei Kindern ist das Spielen von Rollen recht beliebt. Nach Shaftel/Shaftel (1976, S. 51 ff.) kann das Rollenspiel im Hinblick auf soziale Lernprozesse hilfreich sein:

- Durch Übernehmen einer Rolle kann das Kind verstehen, worin Verhaltensweisen anderer ihre Ursachen haben, was wiederum Auswirkungen auf das eigene Verhalten haben kann.
- Durch einen Rollentausch kann das Kind die Gefühle anderer in einer bestimmten Situation nachvollziehen. Eine Sensitivität für Gefühle ist die Grundlage für die Entwicklung von Anteilnahme und damit von Gruppenfähigkeit.
- Im Spiel kann das Kind Spannungen wie Ärger oder Frustrationen ausleben, um danach handelnd alternative Verhaltensmöglichkeiten zu erproben und in das Verhaltensrepertoire aufzunehmen.
- Im Rollenspiel sagen Kinder viel über sich selbst und ihre Bedürfnisse aus, was hilfreich für ein kindorientiertes Pfadfinden sein kann.

Das Rollenspiel ist eine sehr wirkungsvolle Handlungsform für das Erwerben von sozialen Fähigkeiten. Vor allem kann es eine Hilfe für junge Menschen sein, Verhaltensweisen für eine gewaltfreie Lösung von Konflikten zu erlernen (s. **Schema 41!**).

Gerade bei älteren Pfadfinderinnen und Pfadfindern sowie bei jungen Menschen im Roveralter können Rollenspiele zur Verhaltenssicherheit in Konfliktsituationen des Alltags beitragen. Von Bedeutung ist es, dass Verhaltensmuster nicht starr angewendet werden. Unterschiedliche Konfliktlösetechniken können spielerisch ausprobiert und auf diese Weise hinsichtlich einer erfolgreichen Bewältigung von realen Situationen als zweckdienlich erfahren werden. Unter anderem kann erkannt werden, dass „Ich-Botschaften" (Mitteilung, welche Gefühle bei mir ausgelöst werden) wirkungsvoll sind, da damit keine Ablehnung oder Verurteilung des Empfängers verbunden ist (vgl. Gordon 1985, S. 103 ff.).

Das Rollenspiel als Verhaltenstraining
zur gewaltfreien Lösung von Konfliktsituationen

Struktur:

---

1. Wahl der Konfliktsituation

Es sollte eine realistische Situation aus dem Alltag gewählt werden!

↓

---

2. Vorbereitung des Rollenspiels

Verteilung der Rollen und gruppenweise Vorbereitung!
Erörterung unterschiedlicher Verhaltensweisen der Rollenspieler!
Diskussion über gewaltfreie Konfliktlösetechniken!

↓

---

3. Durchführung des Rollenspiels (Training)

Durchführung eines wirklichkeitsgetreuen szenischen Spiels!
Verbalisierung von Gefühlen (Sendung von Ich-Botschaften etc.)!

↓

---

4. Reflexion

Mitteilungen über die Wirkungen des Spiels auf die Zuschauer!
Überdenken der dargestellten Strategien bei der Konfliktlösung!
Erörterung von Handlungsalternativen etc!

↓

---

5. Rollentausch und Ausprobieren von Strategien

**mit dem Ziel zu erkennen, welche Strategien zur Lösung von
Konflikten geeignet sind!**

Schema 41

6.8 Das Planspiel

Planspiele werden öfters im gesellschaftlichen Bereich durchgeführt, beispielsweise um die bestehenden Sicherheitssysteme zu überprüfen. So kann ein Massenunfall auf der Autobahn wirklichkeitsgetreu nachgeahmt werden, um aus dem Zusammenspiel von Feuerwehr, ärztlichem Notfalldienst, Polizei und Technischem Hilfswerk Erfahrungen zu gewinnen und daraus für den Ernstfall Konsequenzen zu ziehen. Planspiele sind also Probehandlungen, bei denen die Wirklichkeit simuliert wird.

In der pädagogischen Praxis können Planspiele als eine besondere Art von Rollenspiele angesehen werden. Ausgangspunkt für dieses Probehandeln ist meist ein Problemfall aus der Wirklichkeit. Beim Planspiel geht es nicht um Übernahme einer persönlichen Rolle, sondern um das „gruppenweise Simulieren" der unterschiedlichen Interessen von Gruppen und Organisationen und um das „Reflektieren von Entscheidungen in Konfliktfällen" (vgl. Hielscher 1981, S. 56). Bei dieser Art von Planspiel findet ein Austausch von Argumenten der verschiedenen Gruppen statt, um schließlich eine gemeinsame Problemlösung herbeizuführen. Die Planspielphase endet mit einer Entscheidung aller Gruppenmitglieder.

Dieses problemorientierte Planspiel kann durch zwei weitere Schritte ergänzt werden, bei denen die Konfliktsituation vor allem im Hinblick auf pfadfinderische Werte untersucht und beurteilt wird (s. **Schema 42!**).

Dieses „**wertorientierte Planspiel**" (Gerr) ist in der Roverstufe eine geeignete Handlungsform zur Beschäftigung mit realen Wertproblemen. Mit dieser Handlungsform können in der Roverstufe entscheidende Hilfen für eine eigenständige Bildung von Wertvorstellungen bei jungen Menschen gegeben werden.

Aus dieser Beschäftigung mit Sinn- und Wertfragen anlässlich eines konkreten Problems aus der Wirklichkeit ergibt sich nicht selten das Bedürfnis, eine Lösung dieses Wertproblems über ein Projekthandeln herbeizuführen.

Das „wertorientierte Planspiel"

eine Handlungsform in der Roverstufe
(vgl. Gerr 2000, S. 177 ff.)

<u>Ausgangssituation</u>
**Beschäftigung mit einem realen Wertproblem
in einer Gemeinde**

↓

<u>Vorbereitungsphase</u>
**Sammeln von Informationen über das Wertproblem
Verteilen der Rollen und Absprache von Regeln**

↓

<u>Erkundung der Wirklichkeit</u>
**Befragung der örtlichen Verbandsvertreter zu Motiven und
Einstellungen bezüglich des Wertproblems
Einholen von rechtlichen Informationen zum Problem**

↓

<u>Planspielphase</u>
**gruppenweise Vorbereitung der übernommenen Rolle und
Auseinandersetzung mit den Argumenten der anderen Rollenträger
Simulieren der Wirklichkeit in der Rollenspielphase durch
Herbeiführung einer Entscheidung (z. B. als Gemeinderat)**

↓

<u>wertbezogene Reflexion</u>
wertbezogene Analyse und Reflexion der Konfliktsituation

↓

<u>Abschlussphase</u>
**Zusammenfassung der Wertediskussion und Planung konkreter
Schritte**

Schema 42

6.9 Das Projekt

Der Begriff „Projekt" wird heute in verschiedenen Bereichen verwendet; so spricht man zum Beispiel von landwirtschaftlichen Projekten oder Bauprojekten.

Im pädagogischen Bereich gibt es unterschiedliche Ausformungen des Projekts; man kann grob zwischen **Werkprojekten** und **sozialen Projekten** unterscheiden.

Der Arbeitsschulpädagoge **Georg Kerschensteiner** (1854-1932) gliedert Werkprojekte in drei Arbeitsschritte (vgl. Blättner 1973, S. 293):

- Aufgabenerfassung,
- Planung der Durchführung,
- Ausführung und Überprüfung.

John Dewey (1859-1952), der „geistige Vater" der Projektmethode, sieht das Projekt vor allem als Weg für eine demokratische Erziehung. Für ihn hat das Projekt eine soziale Bedeutung. Dies kommt in der Formulierung von Deweys Schüler, **William Heard Kilpatrick** (1871-1965), zum Ausdruck; er sieht das Projekt als „**planvolles Handeln aus ganzem Herzen, das in einer sozialen Umgebung stattfindet**" (vgl. Kilpatrick 1935, S. 162).

Projekthandeln findet in der Pfadfinderbewegung in allen Bereichen (Natur, Gesellschaft etc.) und in allen Altersstufen statt, wobei die Jüngeren, ihren Fähigkeiten entsprechend, sich mehr spielerisch mit einem Bereich beschäftigen.

Besonderen Stellenwert besitzt das Projekt in der Roverstufe. Bei einem Roverprojekt kann man verschiedene Schritte unterscheiden, die keine starre Stufenfolge darstellen, sondern von den Zielen, von der Projektsituation, von den Bedürfnissen und Wünschen sowie vom Ideenreichtum der Projekthandelnden abhängen (s. **Schema 43**!). Beispielsweise kann es erforderlich sein, dass ein Projektschritt wie die Erkundung wiederholt werden muss, um noch mehr Informationen zu erhalten. Auch eine mehrfache Reflexion wird im Regelfall notwendig sein; so können sich beispielsweise Konflikte ergeben, die eine gedankliche Aufarbeitung der sozialen Beziehungen notwendig machen, oder die Zielsetzung muss aufgrund auftretender Schwierigkeiten neu überdacht werden.

Struktur eines Projekts

Das Projekthandeln orientiert sich nicht an einer starren Stufenfolge; die Projektschritte hängen von den sachlichen Erfordernissen sowie von den Bedürfnissen und dem Einfallsreichtum der Beteiligten ab. Man kann folgende Projektphasen unterscheiden:

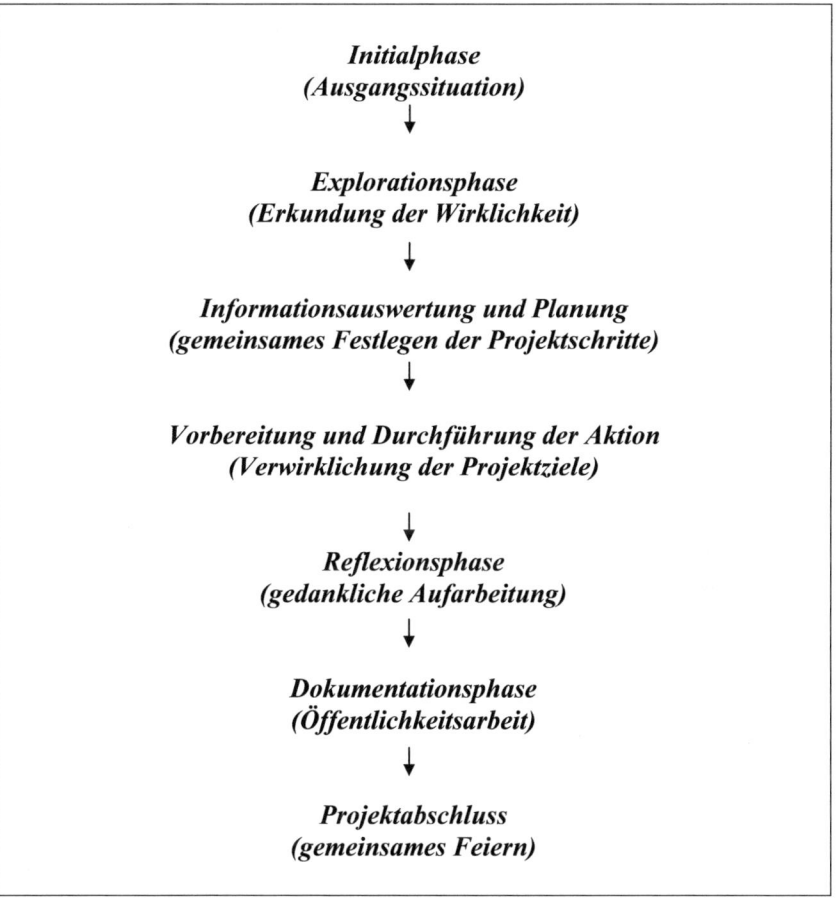

Initialphase
(Ausgangssituation)
↓

Explorationsphase
(Erkundung der Wirklichkeit)
↓

Informationsauswertung und Planung
(gemeinsames Festlegen der Projektschritte)
↓

Vorbereitung und Durchführung der Aktion
(Verwirklichung der Projektziele)

↓

Reflexionsphase
(gedankliche Aufarbeitung)
↓

Dokumentationsphase
(Öffentlichkeitsarbeit)
↓

Projektabschluss
(gemeinsames Feiern)

Schema 43

(vgl. Gerr 2000, S. 121)

Ein Projekt kann sich aus folgenden Phasen zusammensetzen (vgl. Gerr 2000, S. 122 ff.):

- **Ausgangssituation:**

Erlebnisse, die bei Pfadfinderinnen und Pfadfindern Betroffenheit aus-
lösen, sind häufig Anlass für den Wunsch, etwas gegen den bestehenden
Missstand zu tun. Manchmal ergeben sich aus einem Projekt auch Nach-
folgeprojekte. Ideen für Projekte sollten grundsätzlich gespeichert werden,
damit sie nicht in Vergessenheit geraten (vgl. Jostes/Weber 1987, S. 23 ff.).
In der Initialphase sollten die Gruppenmitglieder ihre Wünsche und Erwartungen an das Projekt artikulieren und schriftlich festhalten. Im Hinblick auf das Projekthandeln sollten Regeln vereinbart und Absprachen
getroffen werden; sie dienen auch als Orientierungshilfe (s. **Schema 44!**).

- **Erkundung der Wirklichkeit:**

Im Hinblick auf eine sachgerechte Planung und Durchführung des Projekts
ist es notwendig, sich mit der Wirklichkeit auseinander zu setzen.
Gegebenenfalls sind Erkundungstechniken wie das Interview (z. B. im
Rollenspiel) einzuüben. Die ermittelten Informationen sollten im Gruppen-
raum veranschaulicht werden (Kollagen, Fotoleine etc.). Das Zusammen-
tragen von möglichst vielen Informationen sowie eine Beratung durch
Fachleute können für das Projekthandeln hilfreich sein.

- **Informationsauswertung und Planung:**

Die Informationen werden hinsichtlich der Handlungsmöglichkeiten ge-
prüft und eine realistische Zielsetzung vorgenommen. Bei der konkreten
Planung des Vorhabens können die „**W-Fragen**" (s. **Schema 45!**) eine
Hilfe bedeuten (vgl. auch Bundesleitung DPSG 1997, S. 43). Ein Hilfsmittel für die Planung ist der Balkenplan, der nach Projektschritten und der
zeitlichen Abfolge von Aktivitäten gegliedert ist (beispielsweise können
die Gruppenaufgaben auf eine Tapetenrolle geschrieben und an der Wand
angebracht werden). Um ein starres Festhalten an der Planung zu vermei-
den, werden lediglich die jeweils nächsten Schritte im Balkenplan festge-
halten. Mit dieser schrittweisen Entwicklung des Balkenplans wird nicht
die Dynamik des Projekthandelns beeinträchtigt.

Absprachen und Regeln in der Gruppe als
Orientierungshilfen beim Projekthandeln

**Einhaltung von Regeln
im Hinblick auf**

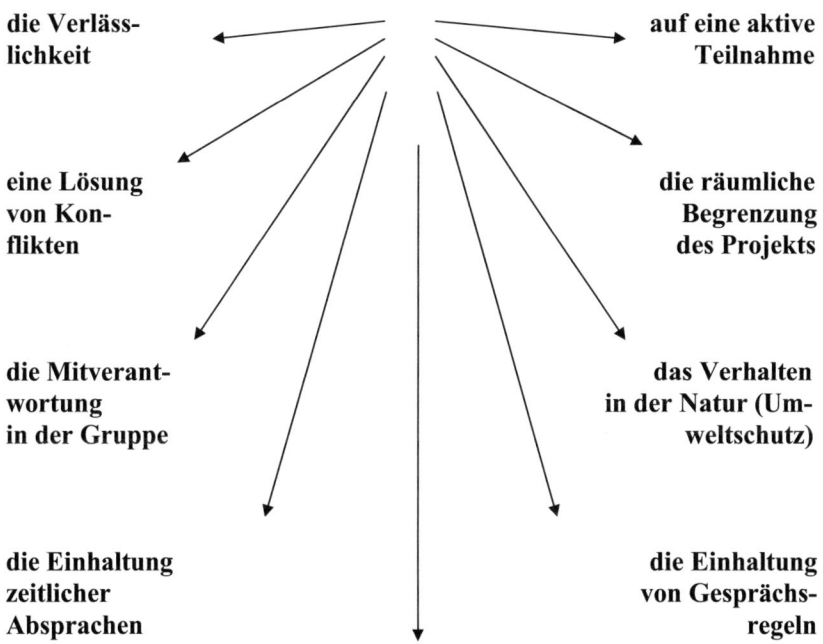

die Verläss-
lichkeit

auf eine aktive
Teilnahme

eine Lösung
von Kon-
flikten

die räumliche
Begrenzung
des Projekts

die Mitverant-
wortung
in der Gruppe

das Verhalten
in der Natur (Um-
weltschutz)

die Einhaltung
zeitlicher
Absprachen

die Einhaltung
von Gesprächs-
regeln

**das soziale und demokratische
Verhalten in der Gruppe**

Schema 44
(vgl. Gerr 2008 a, S. 97)

Entscheidungen
vor Ausführung einer Aktion

Vor Ausführung einer Aktion
sind bezüglich verschiedener Bereiche
Fragen zu klären!
(„W"-Fragen)

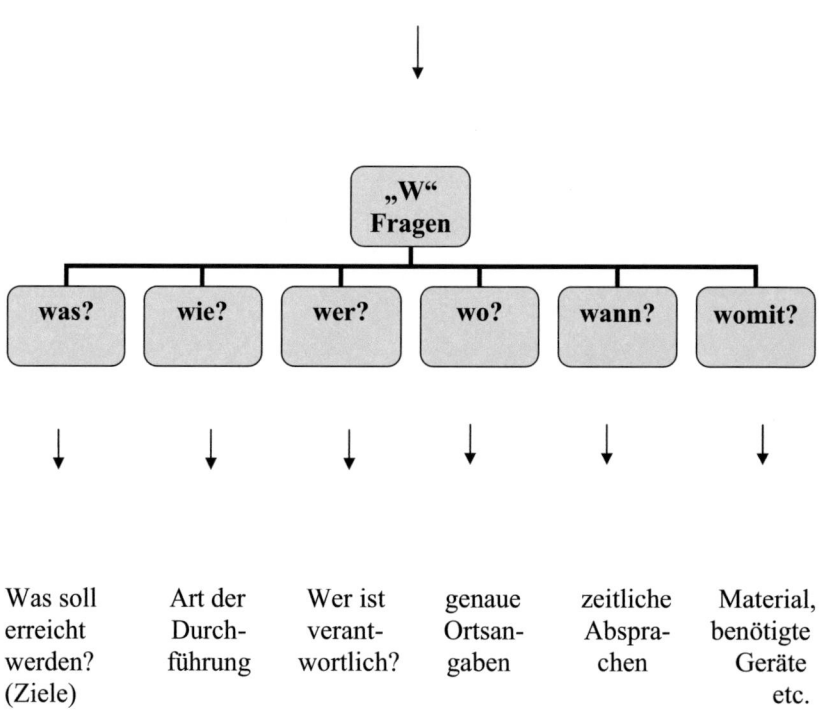

Schema 45

- **Vorbereitung und Durchführung der Aktion:**

Alle Hilfsmittel und Gebrauchsgegenstände, die für die Aktion benötigt werden, werden besorgt oder hergestellt (Beschriften von Plakaten, Verfassen von Informationsblättern etc.). Vor Durchführung wird die Presse informiert und gegebenenfalls ein Sanitätsdienst organisiert sowie die Feuerwehr, das Ordnungsamt und Vertreter der Gemeinde verständigt. Eine Mitarbeit von Außenstehenden (z. B. Fachleute) kann die Durchführung der Aktion günstig beeinflussen.

- **Reflexionsphasen:**

Im Anschluss an die Durchführung der Aktion findet eine Reflexion (im Hinblick auf das Erreichen der Projektziele, die organisatorische Struktur der Aktion etc.) statt. Eine Aufgliederung dieser Phase nach bestimmten Bereichen kann bei dieser gedanklichen Auseinandersetzung mit dem eigenen Handeln hilfreich sein (s. **Schema 46!**). Auftretende Probleme während des Projektverlaufs können mehrere Reflexionsphasen notwendig machen.

- **Dokumentation:**

Eine Dokumentation des Projekts (Bericht in der Zeitung, Ausstellung, Info-Stand etc.) trägt dazu bei, die Bevölkerung für die Projektziele zu sensibilisieren und das Problembewusstsein für einen bestehenden Missstand in der Gesellschaft zu erhöhen. Die Anerkennung, die Pfadfinderinnen und Pfadfinder durch einen Zeitungsbericht erfahren, kann zur Erhöhung der Motivation für weiteres Projekthandeln führen.

- **Projektabschluss:**

Das Projekt kann nach der Dokumentation beendet werden. Die Bundesleitung Roverstufe der DPSG (1978, S. 28 f.) empfiehlt als Projektabschluss, eine Feier oder ein Fest zu organisieren. Damit kommt sie dem Bedürfnis junger Menschen nach Feiern in einer Gemeinschaft Gleichgesinnter entgegen.

Handlungsformen können für jungen Menschen Hilfen auf ihrem Weg der Selbsterziehung bedeuten!

Struktur einer Reflexionsphase

Es können folgende Dimensionen (Ebenen) unterschieden werden:

Zielebene:
Haben wir die Projektziele erreicht?
Warum wurden Teilziele nicht erreicht?
Welche Konsequenzen ergeben sich für das nächste Projekt? etc.

emotionale Ebene:
Hat das Projekt allen Spaß gemacht?
Warum waren einige Teilnehmer frustriert?
In welcher Situation entstand Ärger bei einigen Pfadfindern? etc.

methodische Ebene:
Waren die Erkundungsformen angemessen?
Waren die Informationen ausreichend?
Welche Schwierigkeiten gab es bei den Interviews? etc.

soziale Ebene:
In welchen Situationen kam es zu Konflikten?
Wie wurden die Konflikte gelöst?
Wie hat die Zusammenarbeit geklappt?
etc.

organisatorische Ebene:
Wurden die Aufgaben verlässlich erfüllt?
Wurden die zeitlichen Absprachen eingehalten?
Wann und warum kam es zu Missverständnissen und welche Folgerungen sind zu ziehen? etc.

Wertebene:
Haben wir den Umweltschutzgedanken berücksichtigt?
Waren wir gegenüber Andersdenkenden tolerant genug?
Haben wir uns den Pfadfinderregeln entprechend verhalten?
etc.

Schema 46
(vgl. Gerr 2000, S. 132 ff.)

Zusammenfassung:

Die besondere Erziehungswirksamkeit des Pfadfindens beruht auf der **Einheit** der gelebten Selbsterziehungsgrundsätze „**Lernen durch Erfahrung**", „**demokratisches Lernen in kleinen Gruppen**", „**Verpflichtung gegenüber Werten und Normen beim Handeln**" (Pfadfinderregeln und Versprechen), „**natürliche und naturverbundene Lebensweise**" und „**multikulturelles** (internationales) **Lernen**".

Angesichts der besonderen erzieherischen Herausforderungen in unserer Zeit, die unter anderem durch eine „Mediatisierung von Erfahrung", durch eine „fortschreitende Natur- und Umweltzerstörung", durch eine „steigende Gewaltbereitschaft", durch einen „Werteverfall in Gesellschaft und Politik" sowie durch „Fremdenfeindlichkeit, Rassismus und Rechtsextremismus" gekennzeichnet ist, gewinnen diese pfadfinderischen Erziehungsgrundsätze, auch im Hinblick auf notwendige Reformen in den Erziehungsinstitutionen, eine besondere Aktualität.

7 Robert Baden-Powell – Stationen eines erfüllten Lebens

Im Jahre 2007 beging die Pfadfinderbewegung ihr 100-jähriges Jubiläum. In diesem Zeitraum haben viele Hundertmillionen von jungen Menschen durch das Pfadfinden wertvolle Anregungen und Hilfen für ihre Selbsterziehung erhalten. Wer war der Gründer dieser internationalen pädagogischen Bewegung, die heute einen bedeutenden Beitrag zur Kinder- und Jugenderziehung leistet?

Robert Stephenson Smyth Powell wurde am 22. Februar 1857 in London geboren. Sein Vater Baden Powell war anglikanischer Geistlicher und Geometrieprofessor an der Universität Oxford. Als Stephe – so wurde B.-P. in seiner Kindheit genannt – drei Jahre alt war, starb sein Vater; seine Mutter Henrietta Grace Powell hatte nun alleine für ihre sieben Kinder zu sorgen. Zur Erinnerung an ihren verstorbenen Mann ließ H. G. Powell im Jahre 1869 den Familiennamen „Powell" in „Baden-Powell" ändern (vgl. Hillcourt 1964, S. 17).

B.-P. genoss eine sehr gute Erziehung. Ein Stipendium des Herzogs von Marlborough ermöglichte es dem Dreizehnjährigen von 1870 bis 1876 die Charterhouse-Schule zu besuchen. Stephe war kein besonders guter Schüler; Interesse zeigte er vor allem an den musischen Fächern, am Sport und am Theaterspiel. Als die Charterhouse-Schule im Jahre 1872 nach Goldaming verlegt wurde, entdeckte Stephe sein besonderes Interesse an der Natur, die hier reichlich vorhanden war und die für ihn einen abenteuerlichen Charakter besaß. Unternehmungen wie das geräuschlose Anschleichen von Wild war für ihn bereits ein gutes Training für seine spätere Tätigkeit als militärischer Scout in den englischen Kolonien.

Erzieherische Einflüsse gingen auch von den älteren Brüdern aus, die Stephe mit auf ihre abenteuerlichen Wanderlager und Erkundungsfahrten mitnahmen. Hier wurden von ihm Qualifikationen wie Einsatzbereitschaft, Ausdauer oder Verlässlichkeit gefordert.

Prof. Baden Powell (1796 – 1860)[8]

Henrietta Grace Powell (1824 – 1914)[9]

---

[8] Baden-Powell
[9] Baden-Powell

Robert Baden-Powell	
Stationen eines erfüllten Lebens	

22. Febr. 1857	**Robert Stephenson Smyth Powell wird in London geboren (1869 wird der Familienname in „Baden-Powell" geändert)**
1870 – 1876	**Besuch der Charterhouse-Schule**
1876 – 1900	**B.-P. entscheidet sich für die Offizierslaufbahn (Ableistung des Militärdienstes in Indien und Afrika; Erfahrungen in der Kundschaftertätigkeit und -ausbildung)**
1899 – 1900	**Erfolgreiche Verteidigung von Mafeking im Burenkrieg (B.-P. wird zum Kriegsheld und zum Idol der englischen Jugend)**
1900	**Beförderung zum Generalmajor mit 43 Jahren und Beginn des Aufbaus der südafrikanischen Polizeitruppe (S.A.C.)**
1903	**Ernennung zum Generalinspekteur der Kavallerie für Großbritannien und Irland**
1907	**Probelager mit den ersten Boy Scouts auf der Insel Brownsea bei Poole**

1908	„Scouting for Boys" erscheint in 6 Teilen bei Horace Cox in London (am 1. Mai 1908 in Buchform)
1910	B.-P. nimmt seinen Abschied von der Armee, um sich ganz dem Aufbau der Pfadfinderbewegung widmen zu können
1916	Aufbau der Wölflingsstufe/Girl Guides
1919	Aufbau der Roverstufe
1920	Das erste Jamboree findet in der Olympiahalle in London statt; B.-P. erhält den Titel „Chief Scout of the World"
1929	B.-P. wird in den Adelsstand erhoben; er nennt sich nun „Lord Baden-Powell of Gilwell"
1929–1937	Baden-Powell setzt weiterhin seine Kraft in den Ausbau der Pfadfinderbewegung ein
1937	Zum letzten Mal eröffnet B.-P. ein Weltjamboree (Holland)
1937–1941	B.-P. verbringt die letzten Lebensjahre in Nyeri (am Fuße des Mount Kenya)
8. Jan. 1941	Baden-Powell stirbt in Nyeri/Kenia und wird dort beerdigt

Nach Beendigung seiner schulischen Ausbildung im Charterhouse-College im Jahre 1876 entschied sich der Neunzehnjährige für den Beruf des Offiziers. Bei der Aufnahmeprüfung für den Militärdienst schnitt Stephe sehr gut ab; unter 718 Bewerbern erreichte er für die Infanterie den fünften Platz und für die Kavallerie sogar den zweiten Rang, so dass ihm der zweijährige Einführungskurs an der Militärakademie Sandhurst erlassen wurde. Noch im gleichen Jahr wurde er zum Unterleutnant ernannt und zum Regiment der 13th Hussars nach Indien versetzt (vgl. Hillcourt 1964, S. 33 f.).

Robert Baden-Powell war vor allem in Indien und Afrika eingesetzt. Als junger Offizier gewann er grundlegende Erfahrungen im Umgang mit Menschen. Die sture Anwendung von Drillmethoden erkannte er als wenig geeignet, um militärische Scouts auf ihre Tätigkeit vorzubereiten, bei der eigenverantwortliches Handeln gefragt war.

B.-P. lebte als Subalternoffizier sehr sparsam und asketisch. Interesse zeigte er an der Natur, wohin er sich in seiner Freizeit oft zurückzog, um frei lebende Tiere zu beobachten. Beliebte Freizeitbeschäftigungen waren für ihn das Polospiel und das „Pigsticking" (Saustechen). Im Jahre 1883 gewann B.-P. im Pigsticking den „Kadir Cup", der unter den englischen Offizieren die begehrteste Sporttrophäe darstellte (vgl. B.-P. 1889, S. 204). Über die Wildschweinjagd hat Baden-Powell im Jahre 1889 das Buch „Pigsticking or Hoghunting" veröffentlicht, das heute zur klassischen Jagdliteratur zählt.

Überhaupt entdeckte B.-P. bereits als junger Offizier seine Vorliebe am Zeichnen und Schreiben. Auf seine ersten militärischen Schriften „Reconnaissance and Scouting" (1884) und „Cavalry Instruction" (1885) erscheinen mehrere Bücher über militärische Unternehmungen in Afrika, so beispielsweise „The Downfall of Prempeh (1896) und „The Matabele Campaign" (1897).

In Militärkreisen wurde Baden-Powell bald als hervorragender Kundschafter bekannt, und bei der Kundschafterausbildung konnte er pädagogische Erfahrungen gewinnen, die für ihn beim späteren Aufbau der Pfadfinderorganisation eine wertvolle Hilfe bedeuteten. Von den Eingeborenen erhielt Baden-Powell den Namen „Impeesa" („der Wolf, der nie schläft").

B-P als Leutnant mit 21 Jahren[10]

Wildschweinjagd (B-P)[11]

B-P als Kundschafter im Matabeleland (1896)[12]

---

[10] Baden-Powell
[11] A. R. Co.
[12] Baden-Powell

Zum Kriegshelden und zum Idol der englischen Jugend wurde Baden-Powell durch die erfolgreiche Verteidigung von Mafeking im Burenkrieg (1899-1900). Durch geschickte Täuschungsmanöver gelang es ihm, die in einer Steppe gelegene Stadt 217 Tage lang gegen eine militärische Übermacht zu halten. Während der Belagerung ließ B.-P. durch seinen Offizier Lord Edward Cecil die Knaben von Mafeking zu einem Kadettenkorps zusammenfassen und setzte sie zur Übermittlung von Botschaften ein; dies bedeutete eine spürbare Entlastung für die wenigen Verteidigungskräfte in der Stadt. Die Jugendlichen wurden von einem gleichaltrigen Jungen mit Namen Goodyear geleitet. Die Erfahrungen mit diesen Jugendlichen zeigten Baden-Powell, dass bei Übernahme von Verantwortung auch junge Menschen fähig sind, wichtige Aufgaben zu erfüllen.

Der Autor (1899)[13]   **B-P in der Uniform der S.A.C. (1901)[14]**

Nach England zurückgekehrt, wurde B.-P. schon mit 43 Jahren von Queen Victoria zum Generalmajor ernannt und mit dem Bath-Orden ausgezeichnet. Wegen seines Organisationstalents und der guten Landeskenntnisse wurde Baden-Powell die Aufgabe übertragen, eine Polizeitruppe aufzubauen, die in den südafrikanischen Staaten Swaziland, Oranje und Transvaal für Ruhe sorgen sollte. Bei der Ausbildung der „South African Constabulary" (S. A. C.) kamen B.-P. seine Erfahrungen, die er bei der Ausbildung militärischer Scout gewonnen hatte, zugute. Für die S. A. C. entwarf B.-P. eine khakifarbene, bequeme Uniform; als Kopfbedeckung führte er den breitkrempigen Stetsonhut ein; die Pfadfinderkluft erinnert noch heute an diese Uniform. Auch den pfadfinderischen Wahlspruch „Be Prepared" („Sei bereit") übernahm er von der S. A. C..

---

[13] Baden-Powell
[14] Vandyk

Photo by Lafayette.

Inspector General (1903)[15]

Im Jahre 1903 wurde Robert S. S. Baden-Powell im Alter von 46 Jahren der Posten des „Inspector-General of Cavalry for Great Britain and Ireland" angeboten (vgl. B.-P. 1933, S. 271); dieses Amt ermöglichte es ihm, Einfluss auf die britischen Ausbildungsmethoden zu nehmen. Während der Zeit als Generalinspekteur setzte sich B.-P. autodidaktisch mit verschiedenen Erziehungskonzeptionen auseinander; so studierte er beispielsweise die Schriften von J. H. Pestalozzi und von F. L. Jahn (vgl. B.-P. 1917, S. 3).

---

[15] Lafayette

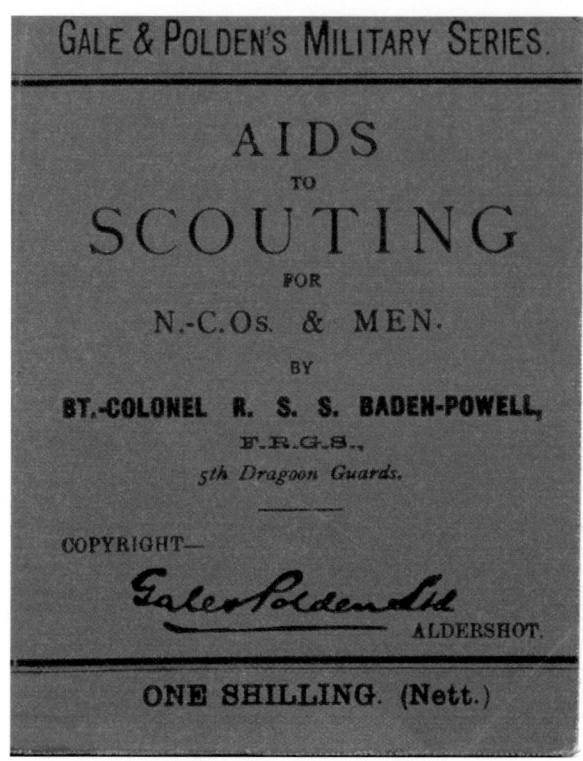

„Aids to Scouting" (1899)

Das Büchlein **„Aids to Scouting for N.-C. Os. & Men"** (1899) war von Baden-Powell für junge Soldaten als Leitfaden für das militärische Scouting geschrieben worden. Immer häufiger erhielt nun der „Held von Mafeking" Briefe von englischen Jugendlichen, die dieses Büchlein als Anleitung für ihre Spiele benutzten. Baden-Powells Antwort auf solche Briefe enthielt neben den praktischen Anregungen für Scouting-Spiele auch immer Hinweise auf die Verwirklichung von ethischen Verhaltensregeln. B.-P. hatte erkannt, dass das Jugend-Scouting in erzieherischer Hinsicht wirkungsvoll war, und so stellte er seine Erfahrungen für die in England existierenden Jugendorganisationen wie „Boys' Brigades", „Church Lads' Brigades", „Y.M.C.A." und anderen kirchlichen Vereinigungen, die militärähnliche Formen wie Drill pflegten, zur Verfügung. Im Juni 1906 erschien in der Zeitschrift der „Boys' Brigades" ein Artikel Baden-Powells über die Aktivitäten des Scouting zur Förderung der Beobachtungsfähigkeit und zur Erkundung (vgl. Hillcourt 1964, S. 252 f.).

Kleingruppenarbeit auf Brownsea Island (1907)[16]

Schließlich entschloss sich B.-P., seine militärische Schrift „Aids to Scouting" in ein jugendgemäßes Buch umzuarbeiten. Noch während er am Entwurf zu **„Scouting for Boys"** arbeitete, organisierte er im Jahre 1907 in der Nähe von Poole auf der Insel Brownsea ein Versuchslager, das vom 29. Juli bis 9. August dauerte. Er teilte die 21 Jungen in drei Fünfergruppen und in eine Sechsergruppe ein; bei der Durchführung der Spiele und Wettbewerbe war für jede Gruppe ein gleichaltriger „Patrol Leader" verantwortlich. Das Inselabenteuer erwies sich als voller Erfolg und bestätigte Baden-Powell erneut die erzieherischen Wirkungen einer Arbeit mit kleinen Gruppen und der Verwirklichung des Grundsatzes der „Übertragung von Verantwortung" (vgl. B.-P. 1907, Teil III).

---

[16] British Scout Association

Scouting for Boys, Teil I (1908)

„Scouting for Boys" wurde zuerst in sechs Teilen veröffentlich; am 15. Januar 1908 erschien Teil I bei Horace Cox in London. Heute ist das Buch in alle Kultursprachen übersetzt. Das Interesse der englischen Jugend am Scouting war so groß, dass die Gründung einer eigenen Jugendorganisation notwendig wurde. Bis zum Ende des Jahres 1908 hatten sich bereits 60 000 Jungen in der Zentrale der Boy Scouts in London gemeldet (vgl. Reynolds 1962, S. 91).

Der Gründer der Pfadfinderbewegung[17]

---

[17] Central News

Im Jahre 1909 fand im Crystal Palace in London ein Treffen statt, zu dem etwa 10 000 Boy Scouts erschienen; auch eine Mädchengruppe war anwesend; sie nannten sich „Girl Scouts". Da im Laufe der Zeit immer mehr Mädchen am „Scouting" teilnehmen wollten, regte B.-P. seine Schwester Agnes an, das „Girl Guiding" zu entwickeln. Zusammen mit B.-P. verfasste sie „The Handbook for Girl Guiding" (1912).

Im Jahr 1910 nahm Baden-Powell auf Anraten des englischen Königs Edward VII. den Abschied vom Militärdienst, um seine volle Kraft in den Aufbau der Bewegung einsetzen zu können.

Die Pfadfinderbewegung breitete sich zuerst in den Kolonien, dann auf der ganzen Welt schnell aus. So existierten beispielsweise bereits 1909 in Chile und 1910 in den USA und in Russland Pfadfindervereinigungen. Am 3. Januar 1912 startete Baden-Powell zu einer Weltreise, um Scoutgruppen in den USA, den Westindischen Inseln, Japan, China, Australien, Südafrika, Neuseeland und Europa zu besuchen. Auf der Schiffsreise lernte Baden-Powell seine künftige Frau Olave St. Clair Soames kennen; aus der am 30. Oktober 1912 geschossenen Ehe gingen drei Kinder hervor: Peter (1913), Heather (1915) und Betty (1917).

Olave und Robert Baden-Powell (1912)[18]

---

[18] Baden-Powell

Wegen der großen Altersunterschiede innerhalb der Pfadfinderbewegung wurde es notwendig, altersspezifische Aktivitätsprogramme zu entwickeln. Für die Jüngsten, denen B.-P. den Namen „Wolf Cubs" gab, führte er in Anlehnung an Rudyard Kiplings „The Jungle Books" das „Dschungelspiel" ein; damit schaffte er den, für diese Altersstufe wichtigen bildhaften Hintergrund für ein spielerisches Lernen. Das Wölflingsspiel zeigte sich in erzieherischer Hinsicht sehr wirkungsvoll. So wurde beispielsweise beim Brauch der „Versammlung der Wölflinge am Ratsfelsen" ein demokratisches Verhalten gefördert (vgl. Werff/Braun 1986, S. 13).

Bald wurde auch der Aufbau einer eigenen Altersstufe für die siebzehnjährigen und älteren Pfadfinder notwendig. Zusammen mit Oberst Ulick de Burgh arbeitete B.-P. nach dem ersten Weltkrieg eine Roverkonzeption aus. In den Mittelpunkt des Entwurfs stellte er den „Dienst an den Mitmenschen", was im Wahlspruch der Rover („Service") zum Ausdruck kommt.

B-P mit Scoutmasters im Gilwellpark[19]

Im Jahre 1919 fand im Gilwellpark der erste Woodbadge-Kurs statt. Die Absolventen erhielten von B.-P. eine hölzerne Perle von Häuptling Dinizulus Halsband, das er im Zulukrieg (1888) erbeutet hatte. Diese Perlen gaben den Kursen den Namen.

---

[19] British Scout Association

Beim ersten Weltjamboree im August 1920 in der Olympiahalle zu London erhielt Baden-Powell von der Pfadfinderjugend der Welt den Titel „**Chief Scout of the World**"; von den zahlreichen Ehrungen, die B.-P. bisher erhalten hatte, war ihm diese die wertvollste. Wegen seiner Verdienste um die Jugenderziehung wurde er im Jahre 1929 in den Adelsstand erhoben und nannte sich nun „Lord Baden-Powell of Gilwell".

**Lord Robert Baden-Powell of Gilwell,
Chief Scout of the World (1929)[20]**

Lord Robert Baden-Powell of Gilwell betrachtete den weiteren Aufbau der weltweiten Pfadfinderbewegung als Lebensaufgabe. Die alle vier Jahre stattfindenden Weltjamborees, bei denen sich die Pfadfinderjugend der Welt traf, trugen zur Festigung der pfadfinderischen Bewegung als Wertegemeinschaft bei. Als Achtzigjähriger eröffnete B.-P. zum letzten Mal ein Weltjamboree, das 1937 in Vogelzang in Holland stattfand.

---

[20] British Scout Association

Wünsche zum Jahreswechsel aus Kenia[21]

Die letzten Lebensjahre verbrachte Robert Baden-Powell in seinem geliebten Afrika. Sein Domizil „Paxtu" befand sich in der Nähe von Nyeri in Kenia; hier konnte er die afrikanische Tierwelt beobachten und den Blick auf den Mount Kenia genießen. Auch am Ende seines Lebens war B.-P. noch aktiv; er widmete sich der Malerei und schrieb noch einige Bücher; es erschienen „African Adventures" (1937), „Birds and Beasts of Africa" (1938), „Paddle Your Own Canoe" (1939) und „More Scetches of Kenya" (1940).

Zu seiner Familie und den Pfadfinderinnen und Pfadfindern hielt er brieflichen Kontakt und freute sich auch über Besuche. Im Jahre 1940 bekamen Olave und Robert Baden-Powell Besuch von deren Kindern Robert und Betty und ihren Ehepartnern. Über solche Familientreffen freuten sich Olave und B.-P. besonders, da sie dann auch ihre Enkelkinder sehen konnten.

---

[21] Robert Baden-Powell

Aquarell von B-P: Zebras vor dem Mount Kenia

Am 8. Januar 1941 verstarb der Gründer der Pfadfinderbewegung und wurde in Nyeri bestattet. Auf seinem Grabstein ist ein Kreis mit einem Punkt in der Mitte zu sehen. Diese pfadfinderische Nachricht bedeutet: „Ich habe meinen Auftrag erfüllt und bin nach Hause gegangen" (vgl. Hansen 1985, S. 188).

Literatur

Ausubel, D. P.: Das Jugendalter. München 1976.

Baacke, D.: Die 6- bis 12jährigen. Einführung in Probleme des Kindesalters. Weinheim und Basel 1984.

Baacke, D.: Die 13- bis 18jährigen. Einführung in Probleme des Jugendalters. Weinheim und Basel 1985 (4. Aufl.).

Baden-Powell, R.: Reconnaissance and Scouting. London 1884.

Baden-Powell, R.: Cavalry Instruction. Londen 1885.

Baden-Powell, R.: Pigsticking or Hoghunting. London 1889.

Baden-Powell, R.: The Downfall of Prempeh. London 1896.

Baden-Powell, R.: The Matabele Campaign. London 1897.

Baden-Powell, R.: Aids to Scouting for N.-C.Os. & Men. London 1999.

Baden-Powell, R.: Sport in War. London. London 1900.

Baden-Powell, R.: Sketches in Mafeking and East Africa. London 1901.

Baden-Powell, R.: Boy Scouts Scheme. London 1907.

Baden-Powell, R.: Boy Scouts: A Suggestion – Summary of Scheme – A Successful Trial. London 1907.

Baden-Powell, R.: Scouting for Boys. London 1908 (complete edition).

Baden-Powell, R.: Yarns for Boy Scouts. London 1909.

Baden-Powell, R.: Scouting Games. London 1910.

Baden-Powell, R.: Workers or Shirkers. London 1911.

Baden-Powell, R.: Handbook for Girl Guides (in collaboration with Agnes Baden-Powell). London 1912.

Baden-Powell, R.: Quick Training for War. London 1914.

Baden-Powell, R.: Indian Memories. London 1915.

Baden-Powell, R.: The Wolf Cub's Handbook. London 1916.

Baden-Powell, R.: Scouting Towards Reconstruction. London 1917.

Baden-Powell, R.: Girl Guiding. London 1918.

Baden-Powell, R.: Aids to Scoutmastership. London 1920.

Baden-Powell, R.: Rovering to Succsess. London 1922.

Baden-Powell, R.: Aims, Methods and Needs. London 1929.

Baden-Powell, R.: Scouting and Youth Movements. London 1929.

Baden-Powell, R.: Aids to Scoutmastership (Revised Edition). London
    1930.

Baden-Powell, R.: Lessons from the 'Varsity of Life. London 1933.

Baden-Powell, R.: Scouting for Boys. A Handbook for Instruction in
    Good Citzenship Through Woodcraft. London 1935 (17th Ed.).

Baden-Powell, R.: Adventuring to Manhood. London 1936.

Baden-Powell, R.: B.-P.'s Outlook. Selections from Lord Baden-Powell's
    Contributions to „The Scouter" (edited by E. E. Reynolds). London 1941.

Baden-Powell, R.: Pfadfinderführer. Zürich 1953.

Baden-Powell, R.: Erziehung durch Liebe anstelle der Erziehung durch
    Furcht. Vortrag von Sir Robert Baden-Powell, gehalten beim 3.
    Internationalen Kongress über moralische Erziehung in Genf
    (28.7.-1.8.1922). Editions de la Bibliothèque et Archives Scoutes (B.A.S.).
    Buttes 1990.

BdP (Hrsg.) : Handbuch der Ranger/Rover-Stufe. Gießen 1983.

Bund der Pfadfinderinnen und Pfadfinder e.V. (Hrsg.): Bundessatzung,
    Ordnungen zur Satzung, Bundesordnung, Pädagogische Konzeption.
    Butzbach 2002.

Bundesamt BdP (Hrsg.): Wölflingsspur. Lich 1987.

Bundesleitung DPSG (Hrsg.): Pfadfinder. Ein anderer Weg. Düsseldorf
    1978.

Bundesleitung Roverstufe der DPSG (Hrsg.): Projekte. Ein Werkheft für
    die Roverstufe der DPSG. Düsseldorf 1978.

Bundesvorstand BdP (Hrsg.): RAP. Renewed Approach to Programme.
    Übersetzung einer Arbeitshilfe der World Organization of the Scout
    Movement. European Scout Office. Butzbach 2002.

Bundesvorstand DPSG (Hrsg.): Ordnung, Satzung und Geschichte des
    Verbandes. Neuss-Holzheim 2001.

Dale, E.:Audiovisual Methods in Teaching. New York 1969.

Dewey, J.: Erziehung durch und für Erfahrung. Eingeleitet, ausgewählt und kommentiert von Helmut Schreier. Stuttgart 1986.

Dewey, J.: Demokratie und Erziehung (1916). Weinheim und Basel 1993.

Gerr, H. E.: Aspekte zur sozialen Integration Geistigbehinderter (unveröffentlichte Examensarbeit zur Fachwissenschaftlichen Prüfung für das Lehramt an Sonderschulen an der Universität München). München 1974.

Gerr, H. E.: Pfadfindererziehung. Baden-Powells Entwurf einer Erziehung durch Scouting. Einflüsse und Entwicklungstendenzen. Baunach 1983 (2. Aufl. 1996).

Gerr, H. E.: Aspekte zur Kreativitätsförderung in Grund- und Hauptschulen. In: „unterrichten/erziehen" („u/e") Nr. 2/1986. S. 7-14.

Gerr, H. E.: Kreativitätsforschung. In: „unterrichten/erziehen" („u/e") Nr. 2/1986. S. 59-61.

Gerr, H. E.: Projektorientierter Grundschulunterricht. In: Lehrerjournal-Grundschulmagazin Nr. 5/1988. S. 2-5.

Gerr, H. E.: Offener Unterricht. In: Lehrerjournal-Grundschulmagazin Nr. 7-8/1989. S. 2-7.

Gerr, H. E.: „Internationalismus" als Erziehungsgrundsatz – ein Beitrag zur Friedenserziehung. In: Scouting Nr. 3/1990. S. 12-16.

Gerr, H. E.: Von geschlossenen zu offenen Lernformen. In: Lehrerjournal-Grundschulmagazin Nr. 2/1991. S. 4-7.

Gerr, H. E.: Bedeutung und Formen des Erkundungslernens. In: Scouing Nr. 4/1991.S. 8-10.

Gerr, H. E.: Erziehung zur Demokratiefähigkeit. In: Scouting Nr. 2/1992. S. 10-13.

Gerr, H. E.: Führer oder Leiter? – Gedanken zum pädagogischen Handeln in der Jugendarbeit. In: Scouting Nr. 2/1995. S. 18-19.

Gerr, H. E.: Pfadfinden. Erziehungsziele, pädagogische Grundsätze und bedürfnisorientierte Arbeit in den Altersstufen. Baunach 1998.

Gerr, H. E.: Pfadfinden – eine Antwort auf die Konsumorientierung und den Verlust an Eigentätigkeit und ursprünglicher Erfahrung. In: Scouting Nr. 1/1999. S. 16-18.

Gerr, H. E.: Pfadfinden – eine Antwort auf die fortschreitende Umweltzerstörung. In: Scouting Nr. 2/1999. S. 21-23.

Gerr, H. E.: Pfadfinden – eine Antwort auf die steigende Gewaltbereitschaft und die eingeschränkten sozialen Lernprozesse. In: Scouting
Nr. 3/1999. S. 13-16.

Gerr, H. E.: Pfadfinden – eine Antwort auf Rassismus und Ausländer-
feindlichkeit. In: Scouting Nr. 2/2000. S. 14-17.

Gerr, H. E.: Die Pfadfindermethode. Zur Aktualität pfadfinderischer Erziehungsgrundsätze. Praxisbeispiele und Handlungsformen.
Baunach 2000.

Gerr, H. E.: Pfadfinden – eine Chance für die Jugend, ihre Werte zu leben. In: Scouting. Jahrbuch 2000. S. 4-13.

Gerr, H. E.: Pfadfinden – ein Weg zu demokratischem Handeln? In:
Altpfadfindergilde Hamburg e.V. (Hrsg.): Pfadfinden – eine Antwort auf Herausforderungen der Zeit. Dokumentation zum Ge-
sprächsforum im Sunderhof/Seevetal vom 25. bis 27. Oktober
2002. Hamburg 2002. S. 6-8.

Gerr, H. E.: Pfadfinden – eine Antwort auf den Werteverfall. In: ISGF –
International Scout and Guide Fellowship (Hrsg.): Zentraleuropa
@ktuell Nr. 2/2004. S. 16-20.

Gerr, H. E.: Aspekte zur Förderung der Kreativität im Unterricht. München
und Ravensburg 2008.

Gordon, Th.: Lehrer-Schüler-Konferenz. Wie man Konflikte in der
Schule löst. Reinbek 1985.

Gruppenpädagogische Literatur (Hrsg.): Hajk. Anregungen für die Planung
und Durchführung von Aufgabenspielen. Wehrheim 1986 (4. Aufl.).

Hänsel, D. (Hrsg.): Projektbuch Grundschule. Weinheim und Basel 1986.

Hansen, W.: Der Wolf, der nie schläft. Das abenteuerliche Leben des Lord
Baden-Powell. Freiburg i. Br. 1985.

Hielscher, H.: Spielen macht Schule. Heidelberg 1981.

Hillcourt, W.; Baden-Powell, O.: Baden-Powell. The Two Lives of a Hero.
London 1964.

Hopfenzitz, F.; Zielniok, W. J.: Jugendarbeit mit Behinderten. Ein Beitrag
zur sozialen Rehabilitation. Elemente 21; hrsg. von der Bundesleitung DPSG. Düsseldorf 1979.

Jostes, M.; Weber, R.: Projektlernen. Handbuch zum Lernen von Veränderungen in Schule, Jugendgruppen & Basisinitiativen. Köln 1987.

Kaderli, M. & Team: Geländespiele. Spielprojekte für Stadt, Wald und Wiese.
Luzern und Stuttgart 1998 (2. Aufl.).

Kilpatrick, W. H.: Die Projekt-Methode. Die Anwendung des zweckvollen Handelns im pädagogischen Prozess (1918). In: Dewey, J.; Kilpatrick, W. H.: Der Projekt-Plan. Grundlegung und Praxis. Weimar 1935. S. 161- 179. Düsseldorf 1986. S. 101-112.

Orlick, T.: Zusammen gewinnen und lernen. Alternativen zum Konkurrenzwahn. Ettlingen o. J.

Orlick, T.: Kooperative Spiele. Herausforderung ohne Konkurrenz. Weinheim und Basel 1982.

Reynolds, E. E.: Working the Patrol System. London 1943.

Reynolds, E. E.: BIPI. Augsburg 1962.

Ring Deutscher Pfadfinderinnenbünde (Hrsg.): Ring Deutscher Pfadfinderinnenbünde. München 1957.

Rolff, H.-G.: Kindheit heute – Leben aus zweiter Hand. Herausforderungen für die Grundschule. In: Faust-Siehl, G.; Schmitt, H.; Valtin, R. (Hrsg.): Kindheit heute – Herausforderungen für die Grundschule. Frankfurt/M. 1990. S. 61-71.

Roth, H.: Pädagogische Psychologie des Lehrens und Lernens. Hannover 1973.

Shaftel, F. R.; Shaftel, G.: Rollenspiel im Dienste sozialer Werte. Kinder lernen sich zu entscheiden. In: Kochan, B. (Hrsg.): Rollenspiel als Methode sprachlichen und sozialen Lernens. Kronberg 1976. S. 49-82.

Skiera, E. (Hrsg.): Schule ohne Klassen. Gemeinsam lernen und leben. Das Bespiel Jenaplan. Heinsberg 1988.

Spiecker, R.: Der Ungeheuere und die Abenteurer. Zur Idee des Pfadfindertums. Düsseldorf 1964.

Tausch, R.; Tausch, A.-M.: Erziehungspsychologie. Begegnung von Person zu Person. Göttingen 1979 (9. Aufl.).

Weber, E.: Emotionalität und Erziehung. In: Oerter, R.; Weber, E. (Hrsg.): Der Aspekt des Emotionalen in Unterricht und Erziehung. Donauwörth 1975. S. 69-125.

Werff, B.; Braun, G.: Mit Wölflingen das Leben entdecken (Team-Reihe 3). Düsseldorf 1986.

Winter, J.: Auf dem Weg zu Gesundheit und Glück. Baunach 1986.

WOSM (Hrsg.): Die Grundlagen der Pfadfinderbewegung. Neuss 1997.

Sachregister

Glossar

Analyse:	Untersuchung (Zergliederung)
authentisch:	echt
autodidaktisch:	das Wissen durch Selbstunterricht aneignend
autonom:	selbständig, unabhängig
BdP:	Bund der Pfadfinderinnen und Pfadfinder
DPSG:	Deutsche Pfadfinderschaft Sankt Georg
Empathie:	einfühlendes Verstehen
heteronom:	abhängig
Jamboree:	Weltpfadfindertreffen, das alle vier Jahre stattfindet
Jungpfadfinder(innen)	Altersstufe der 12- bis 14-Jährigen
Kompetenz:	Fähigkeit, Zuständigkeit
Kommunikationsfähigkeit:	Fähigkeit, Beziehungen aufzunehmen
konform:	übereinstimmend
Konformität:	Gleichförmigkeit, Übereinstimmung
Kooperationsfähigkeit:	Fähigkeit zur Zusammenarbeit
Kreativität:	schöpferische Kraft
Laissez-faire:	das Treiben lassen, das Gewähren lassen
Normen:	Verhaltensregeln
Normenflexibilität:	Anpassungsfähigkeit im Hinblick auf Verhaltensregeln (Tolerieren anderer Normen)
Pfadfinder(innen)	Altersstufe der 15- bis 16-jährigen
permissiv:	gewähren lassend
Reflexion:	Betrachtung (Vertiefung in einem Gedankengang)
restriktiv:	einengend, einschränkend
Rover	Altersstufe ab 17 Jahre
Sensibilität:	Feinfühligkeit, Empfindsamkeit
simulieren:	wirklichkeitsgetreu nachahmen
Toleranz:	Duldsamkeit

WAGGGS:	World Association of Girl Guides and Girl Scouts
Wölflinge	Altersstufe der 7- bis 11-Jährigen
WOSM:	Word Organization of the Scout Movement

Der Autor

Hans E. Gerr,
Dr. phil., Diplom-Pädagoge;
geb. am 29. Juli 1937

Ausbildung und Tätigkeiten:

- Ausbildung zum Bankkaufmann; kurze Beschäftigung an der Heidelberger Volksbank;
- Absolvierung der Lehramtsstudiengänge für Grund- und Hauptschulen an der Pädagogischen Hochschule Heidelberg und für Sonderschulen an der Universität München;
- nebenberufliche Studien der Pädagogik, Psychologie, Soziologie und Sonderpädagogik an der Universität Würzburg;
- Diplom-Pädagoge 1977 (Studienrichtung: Sonderpädagogik);
- Promotion zum Dr. phil. im Hauptfach „Pädagogik" 1981;
- langjährige Tätigkeit als Lehrer an Grund- und Hauptschulen, als Sonderschullehrer und als Dozent am Lehrstuhl für Grundschulpädagogik und Grundschuldidaktik der Universität Würzburg;
- vielseitige Erfahrungen in der pfadfinderischen Jugendarbeit und Erwachsenenbildung (Aus- und Fortbildung von Leiterinnen und Leitern).

Veröffentlichungen:

Erziehungswissenschaftliche Veröffentlichungen, unter anderem zu den Themenbereichen „Projektunterricht", „Umgang mit Aggressionen", „Kreativitätsförderung" und „Offener Unterricht"; zahlreiche Publikationen zur „Pfadfinderpädagogik".

Veröffentlichte Bücher (Monographien):

- **Pfadfindererziehung.** Baden-Powells Entwurf einer Erziehung durch Scouting. Einflüsse und Entwicklungstendenzen. Baunach 1983 (2. Aufl. 1996).

- **Pfadfinden.** Erziehungsziele, pädagogische Grundsätze und bedürfnisorientierte Arbeit in den Altersstufen. Baunach 1998 (1. Aufl.).

- **Die Pfadfindermethode.** Zur Aktualität pfadfinderischer Erziehungsgrundsätze. Praxisbeispiele und Handlungsformen. Baunach 2000 (1. Aufl.).

- **Einführung in die Pfadfinderpädagogik.** Ein Handbuch für Leiterinnen und Leiter. München und Ravensburg 2009 (2. Aufl.).

- **Aspekte zur Förderung der Kreativität im Unterricht.** München und Ravensburg 2008 (1. Aufl.).

- **Aspekte zur Entwicklung einer gerontagogischen Konzeption für eine Seniorenarbeit in den Kommunen.** München und Ravensburg 2010 (1. Aufl.).

The Boy Scout[22]
(im Gilwell-Park bei London)

---

[22] Hans E. Gerr